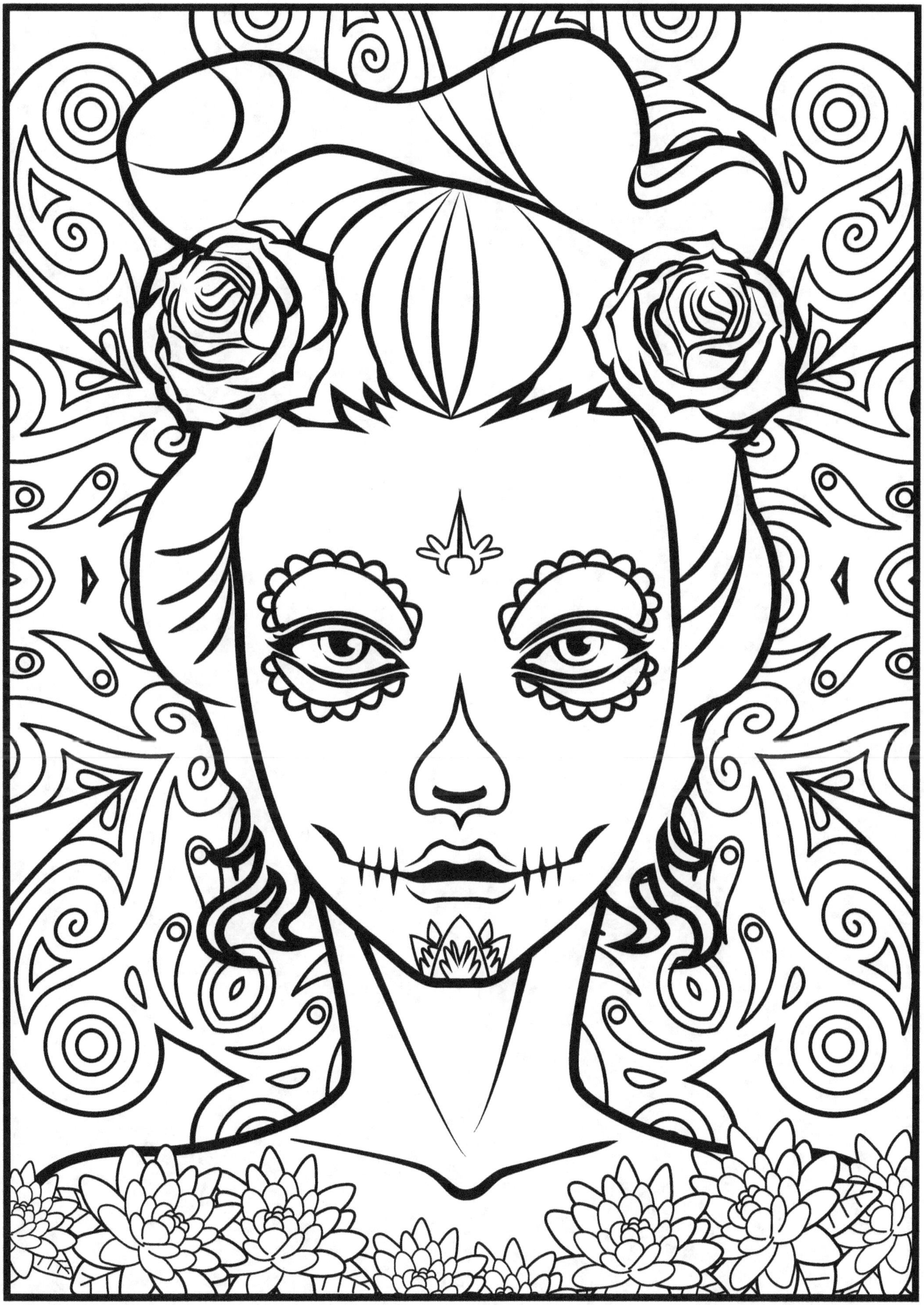

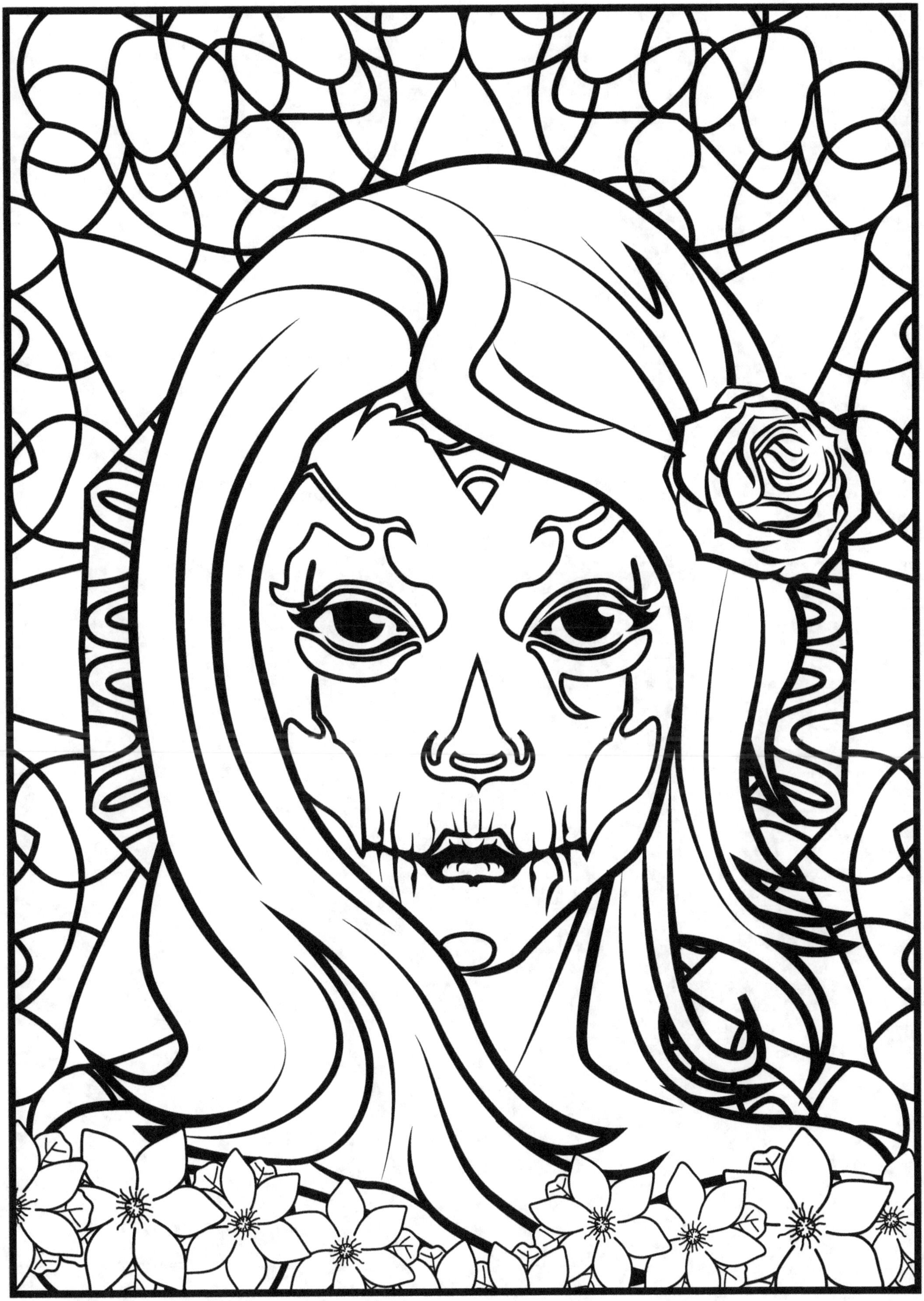

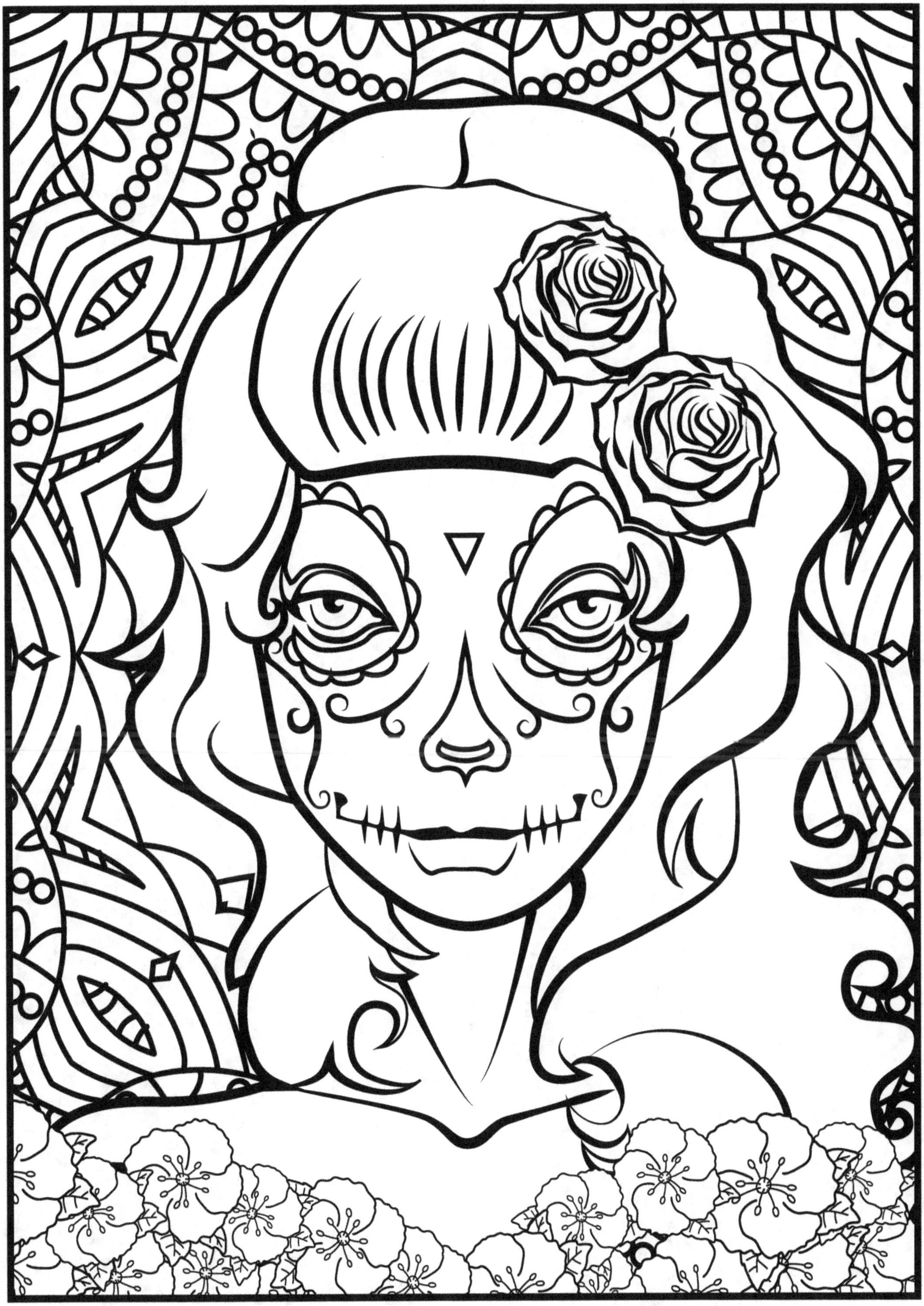

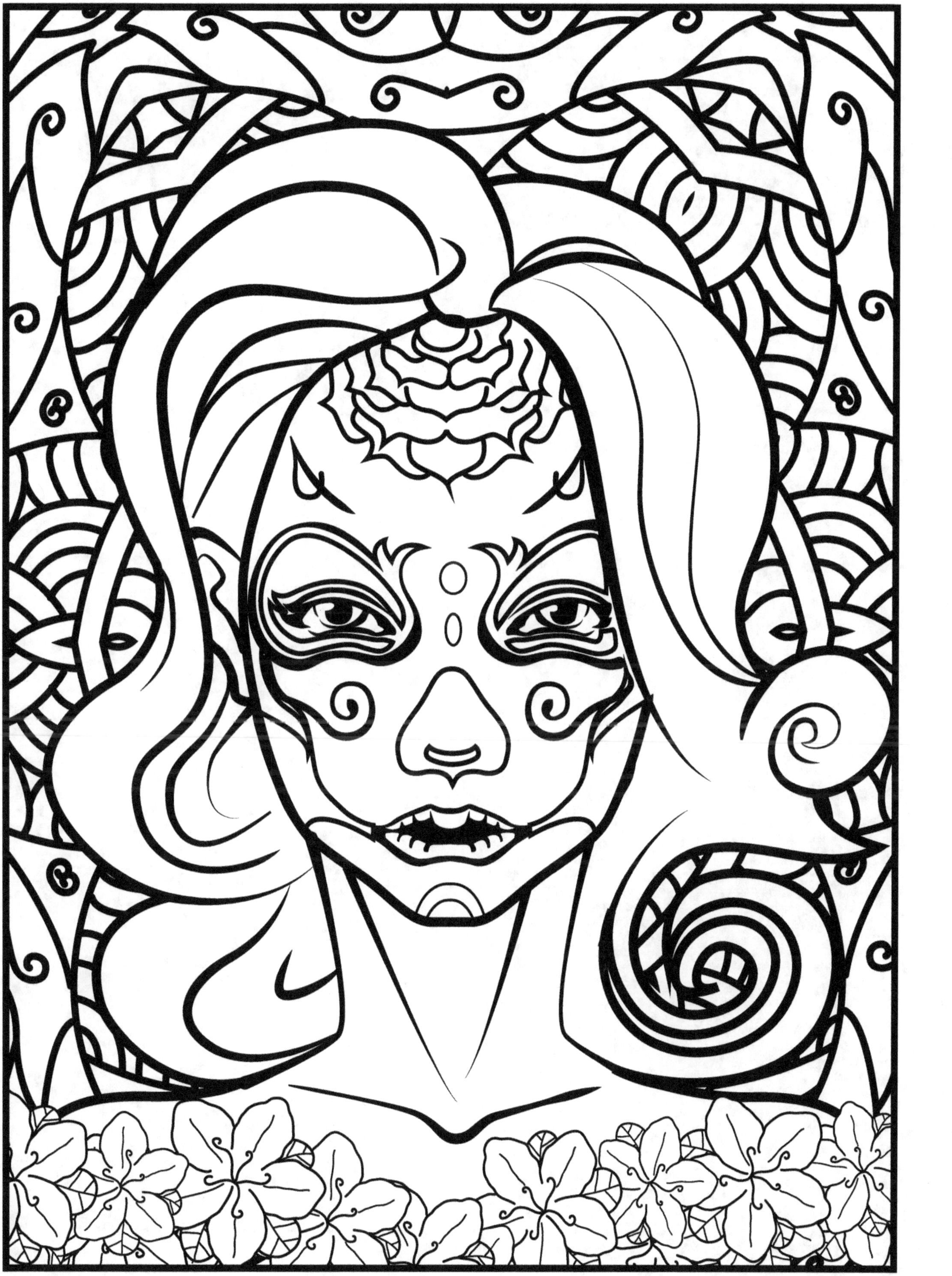

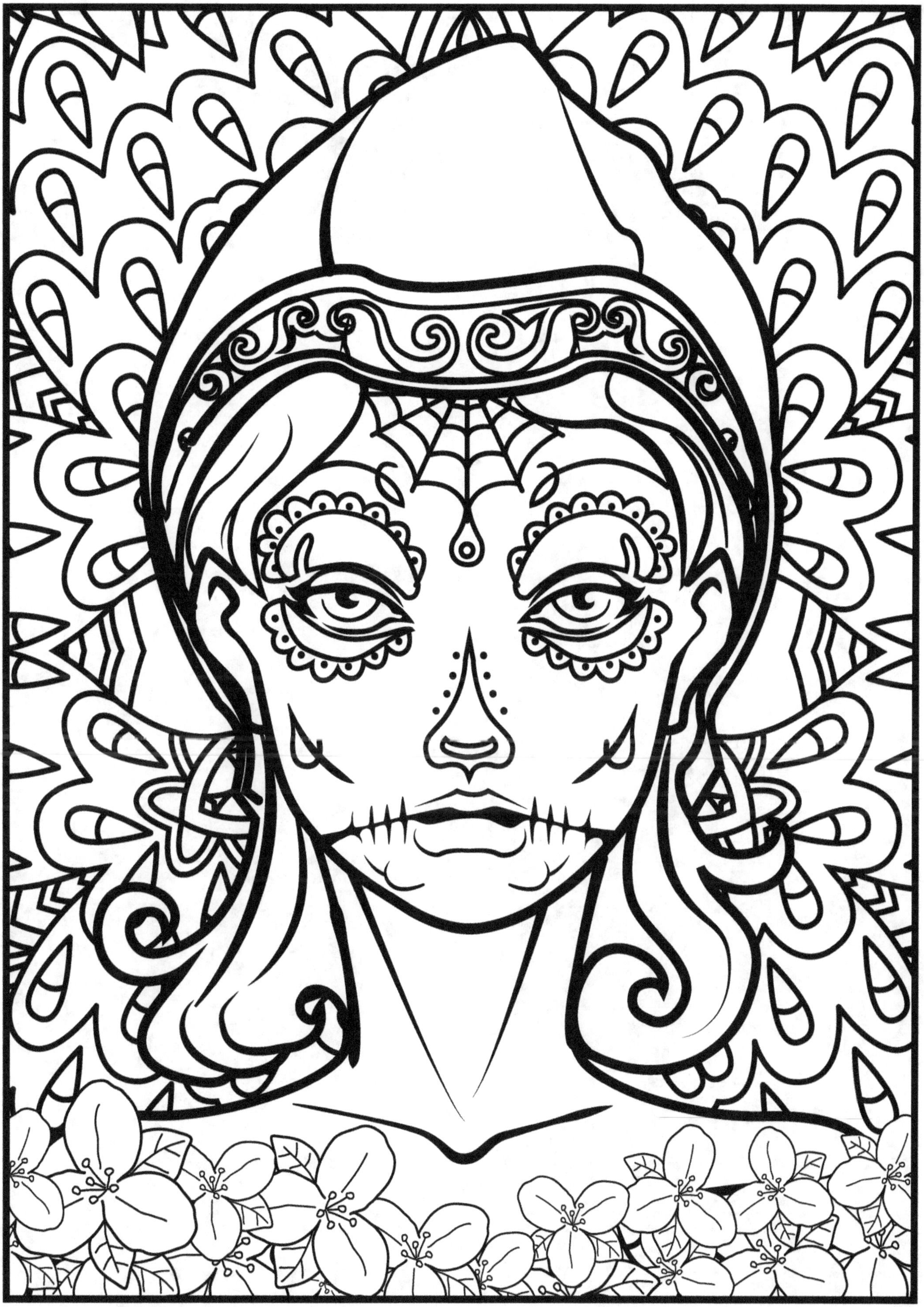

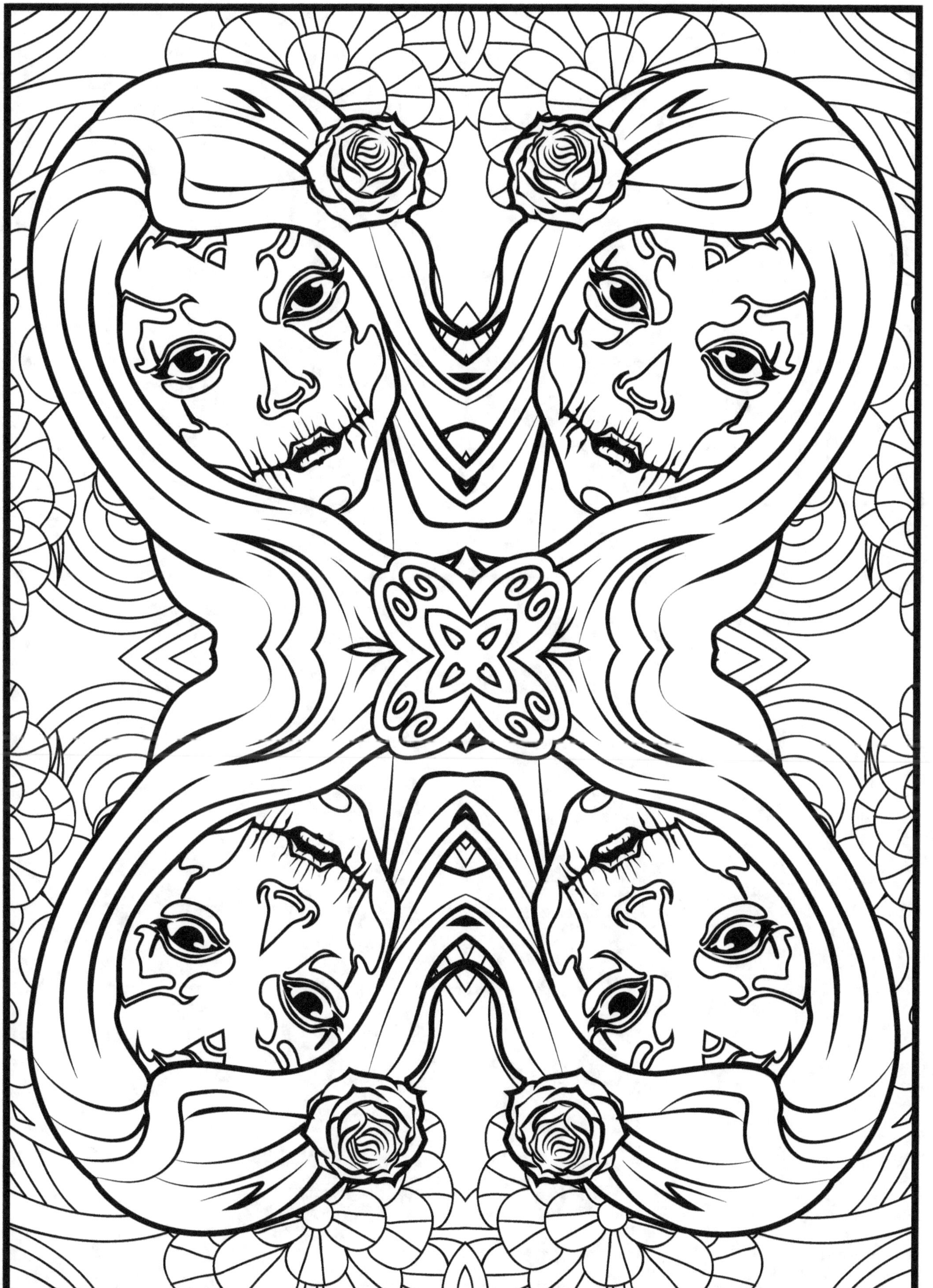

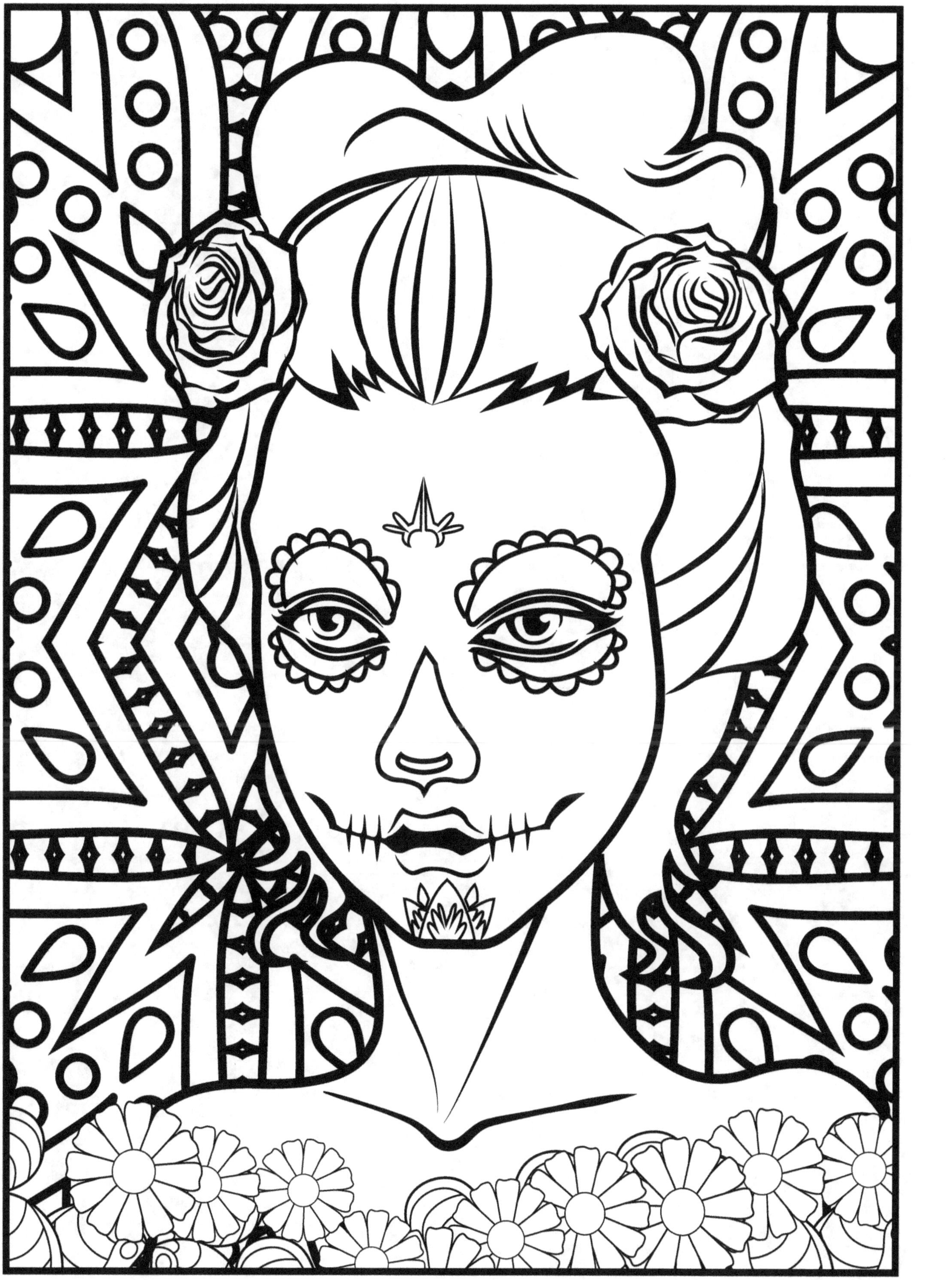

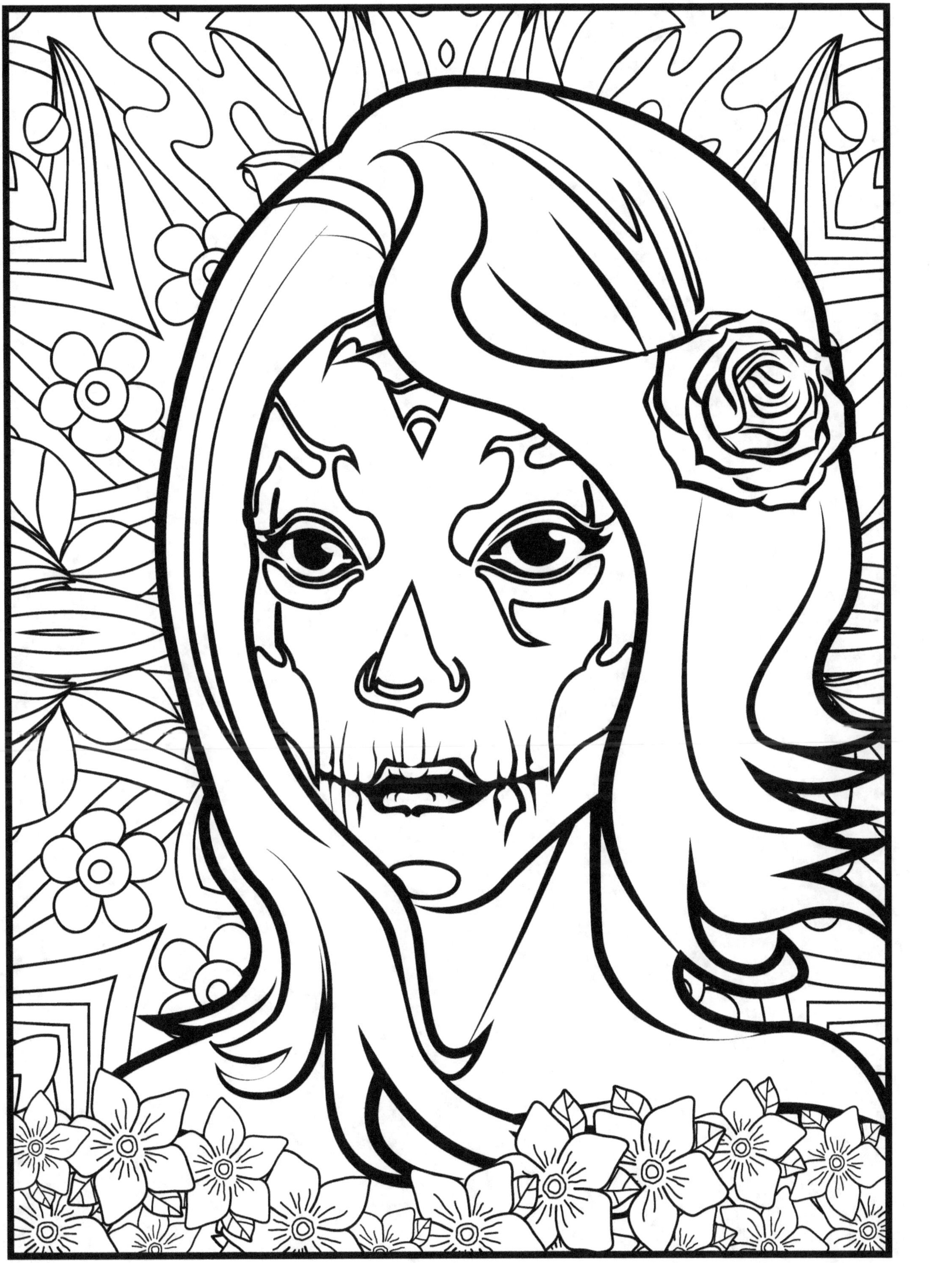

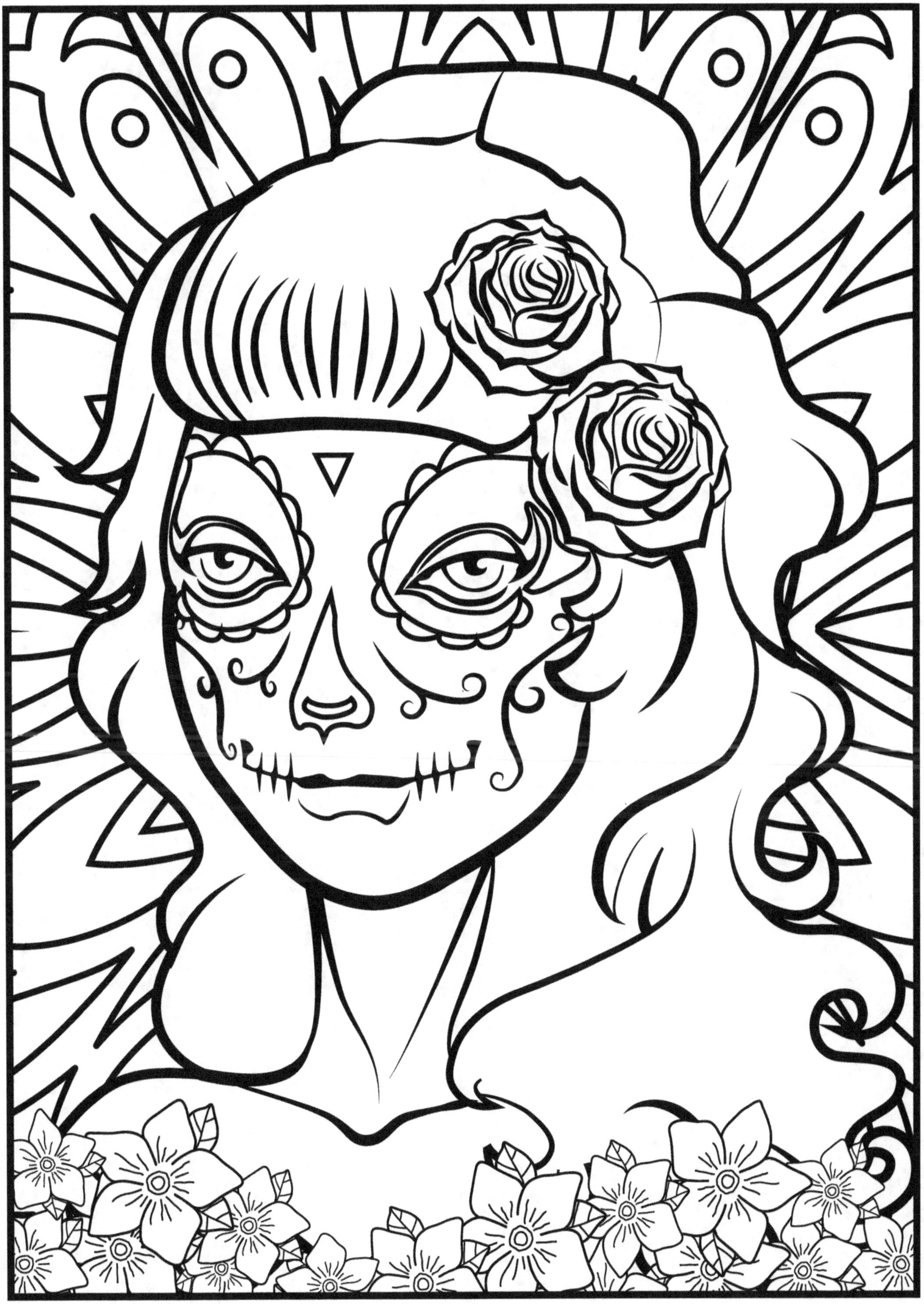

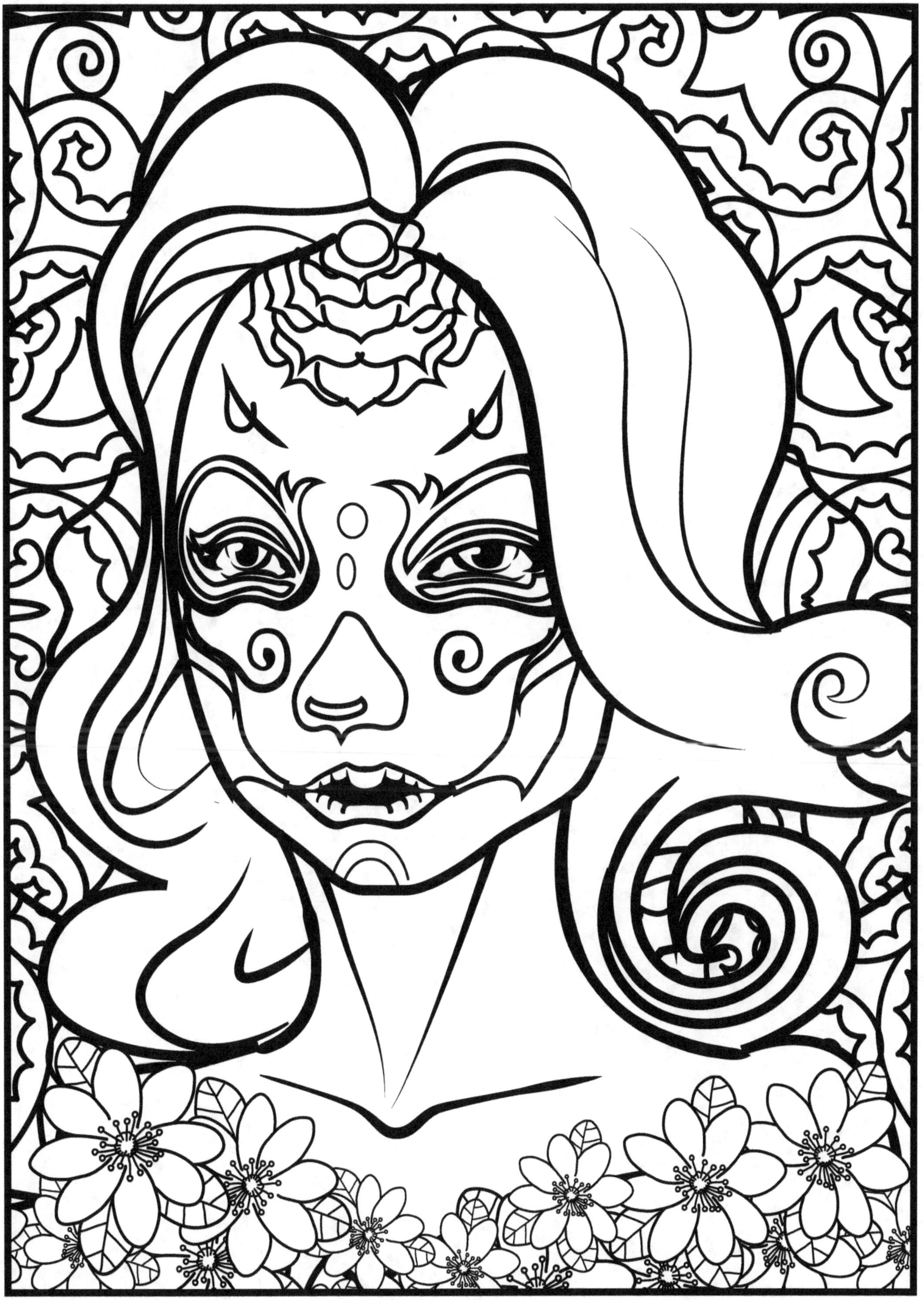

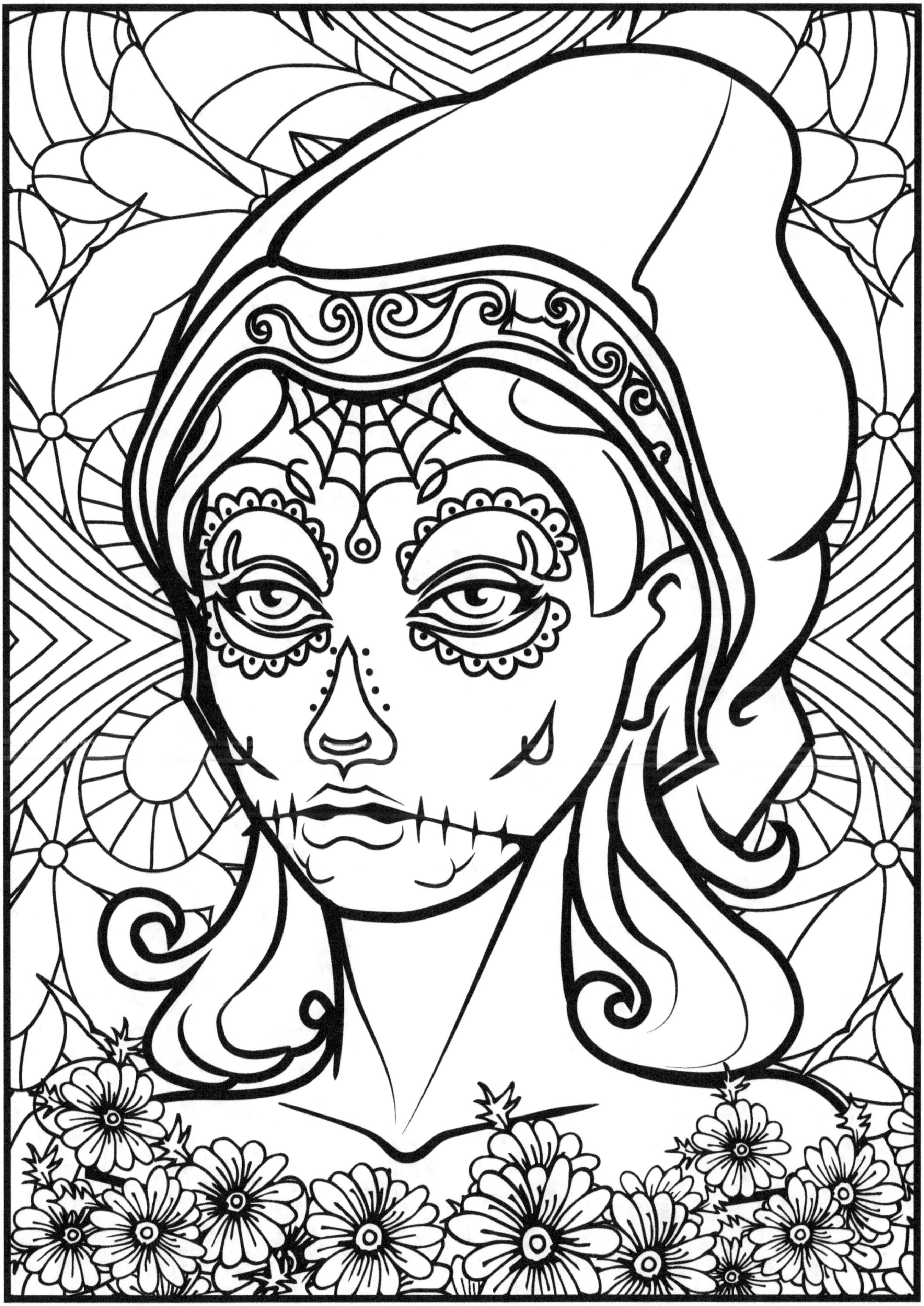

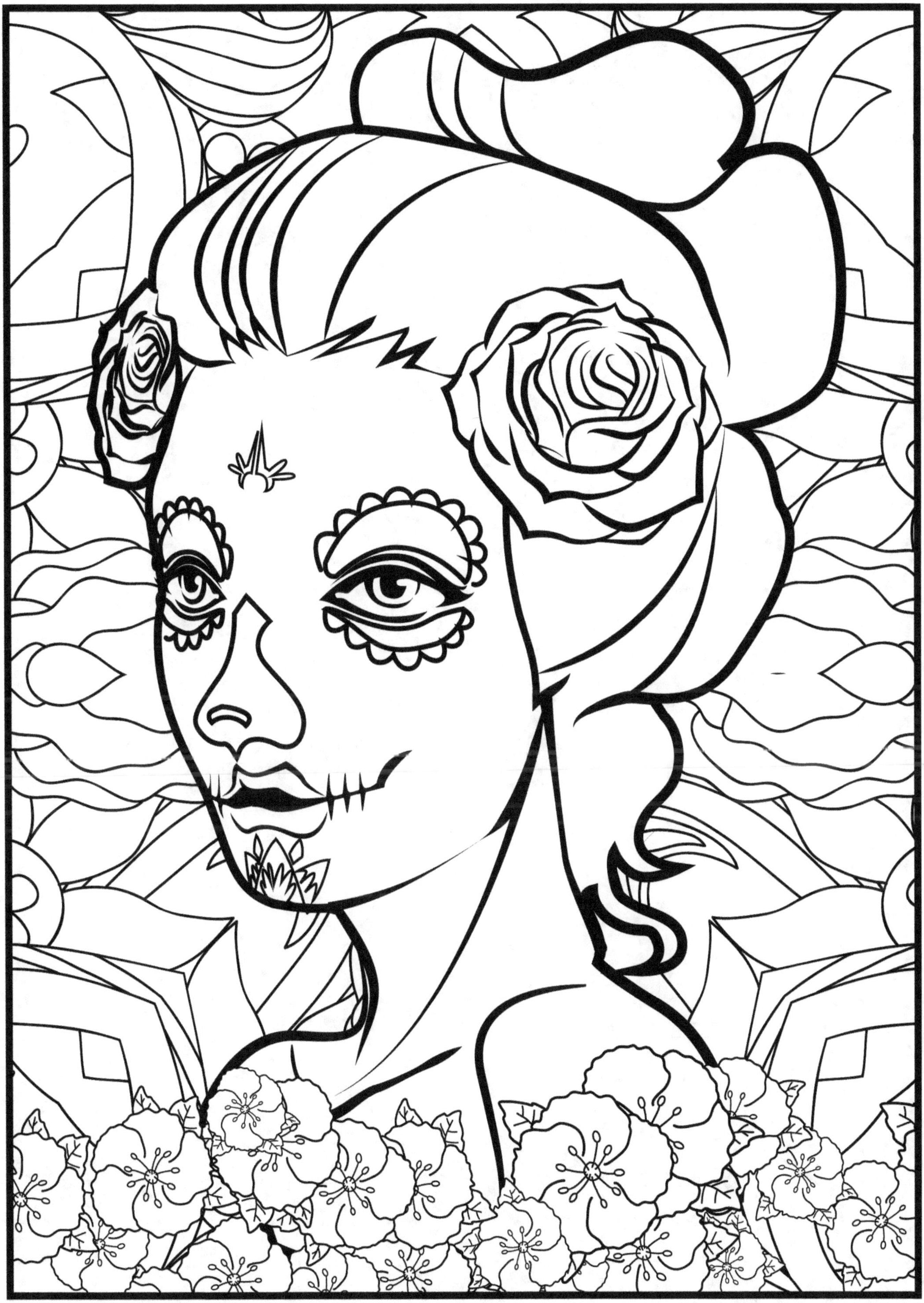

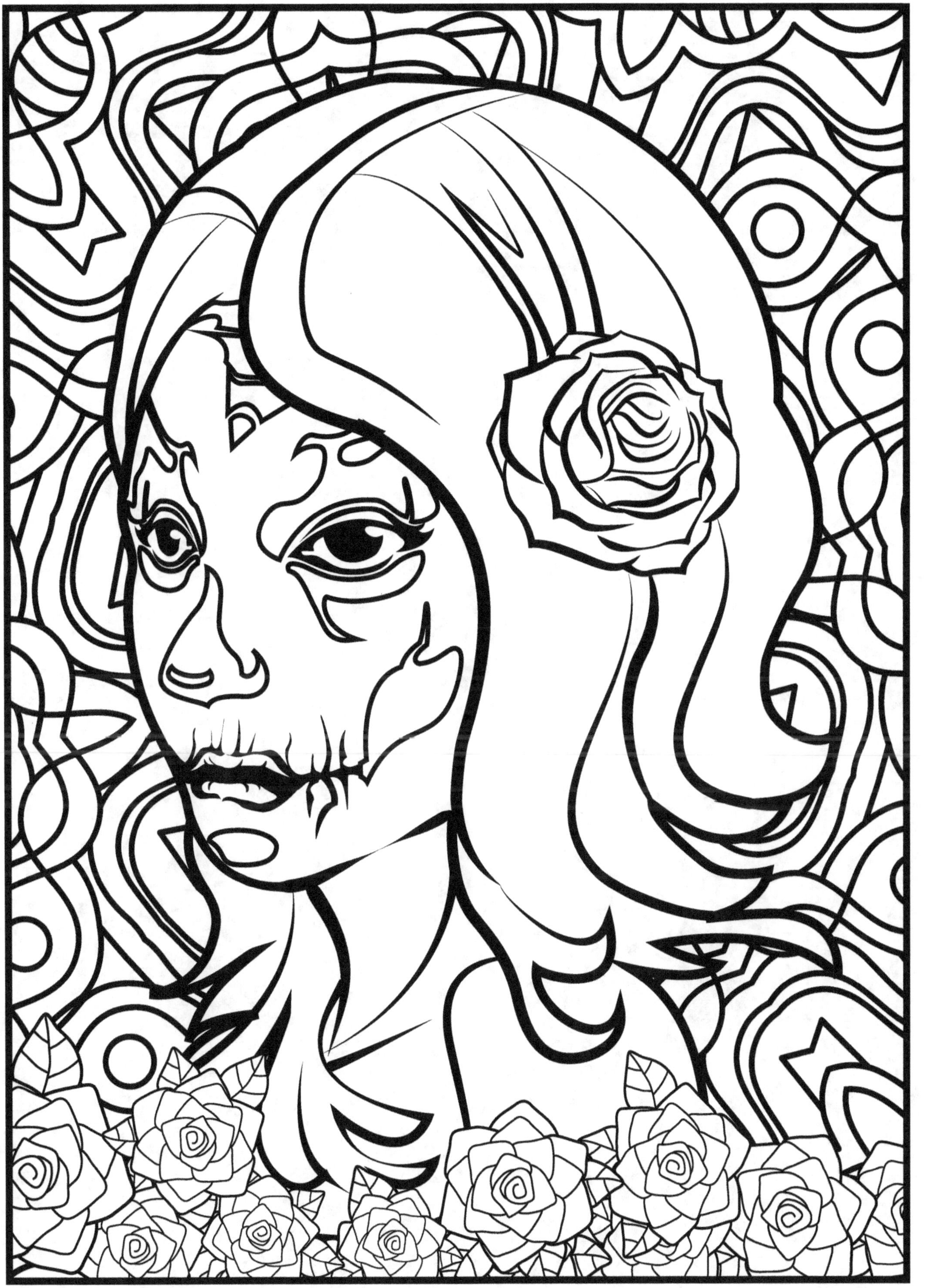

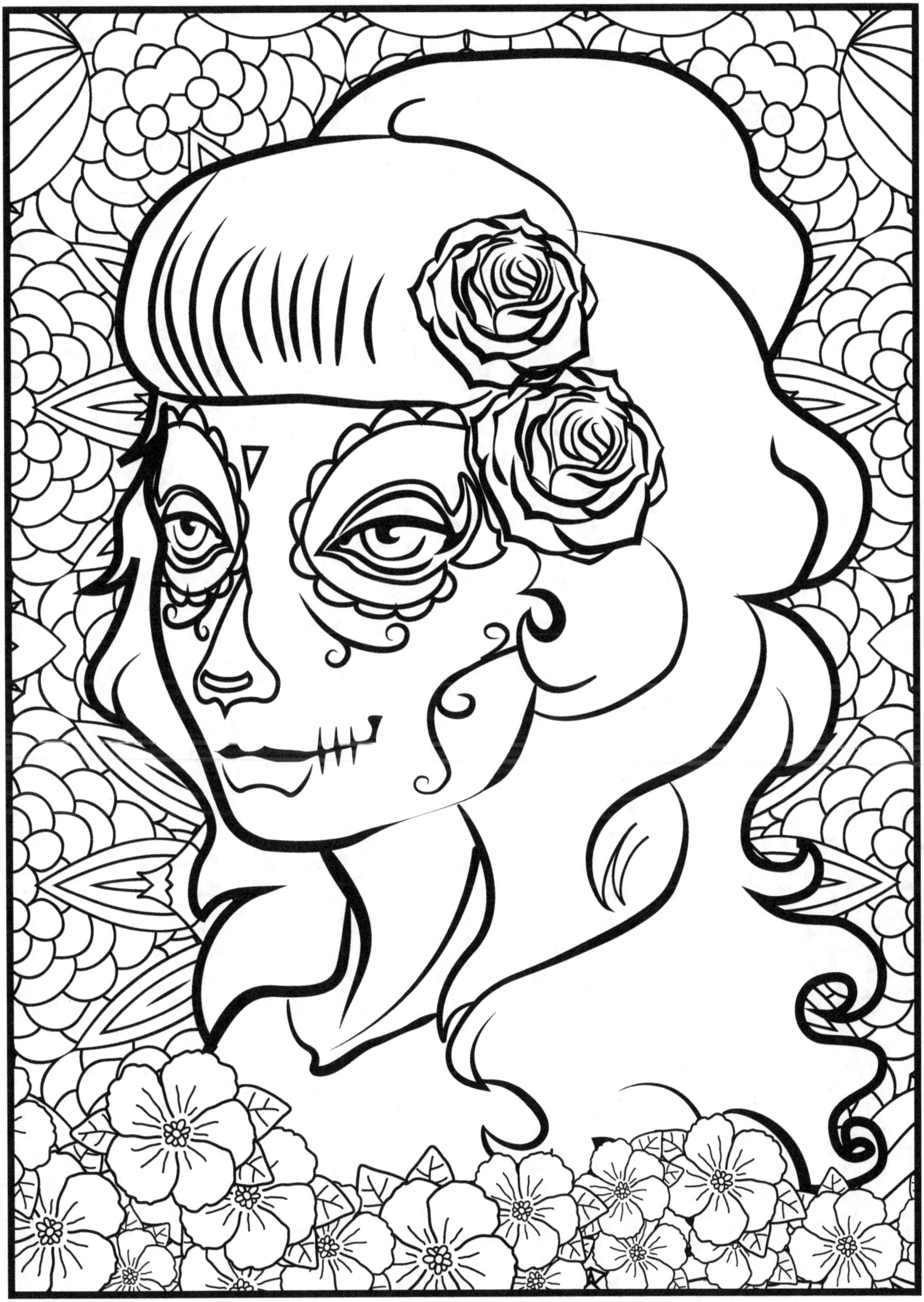

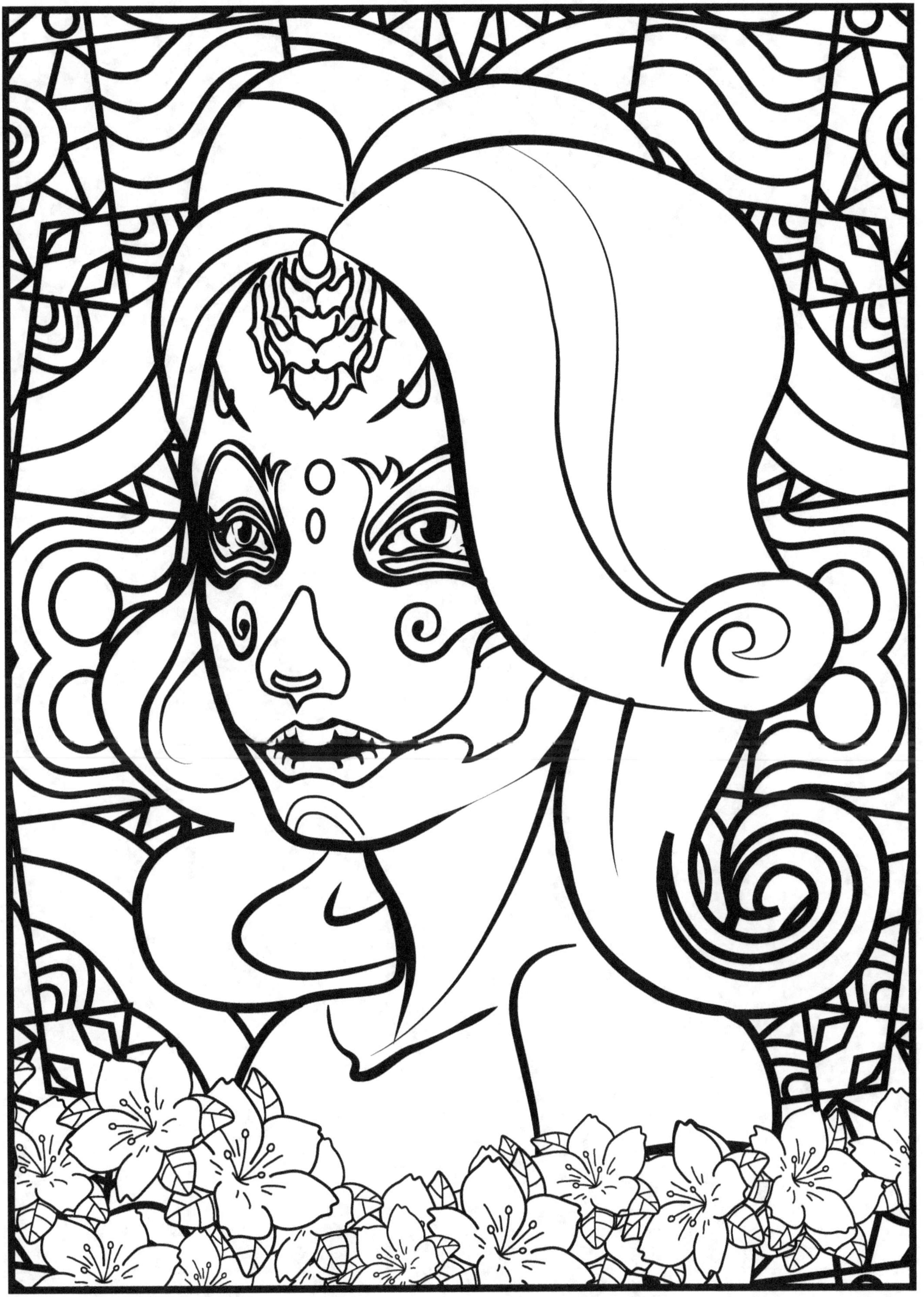

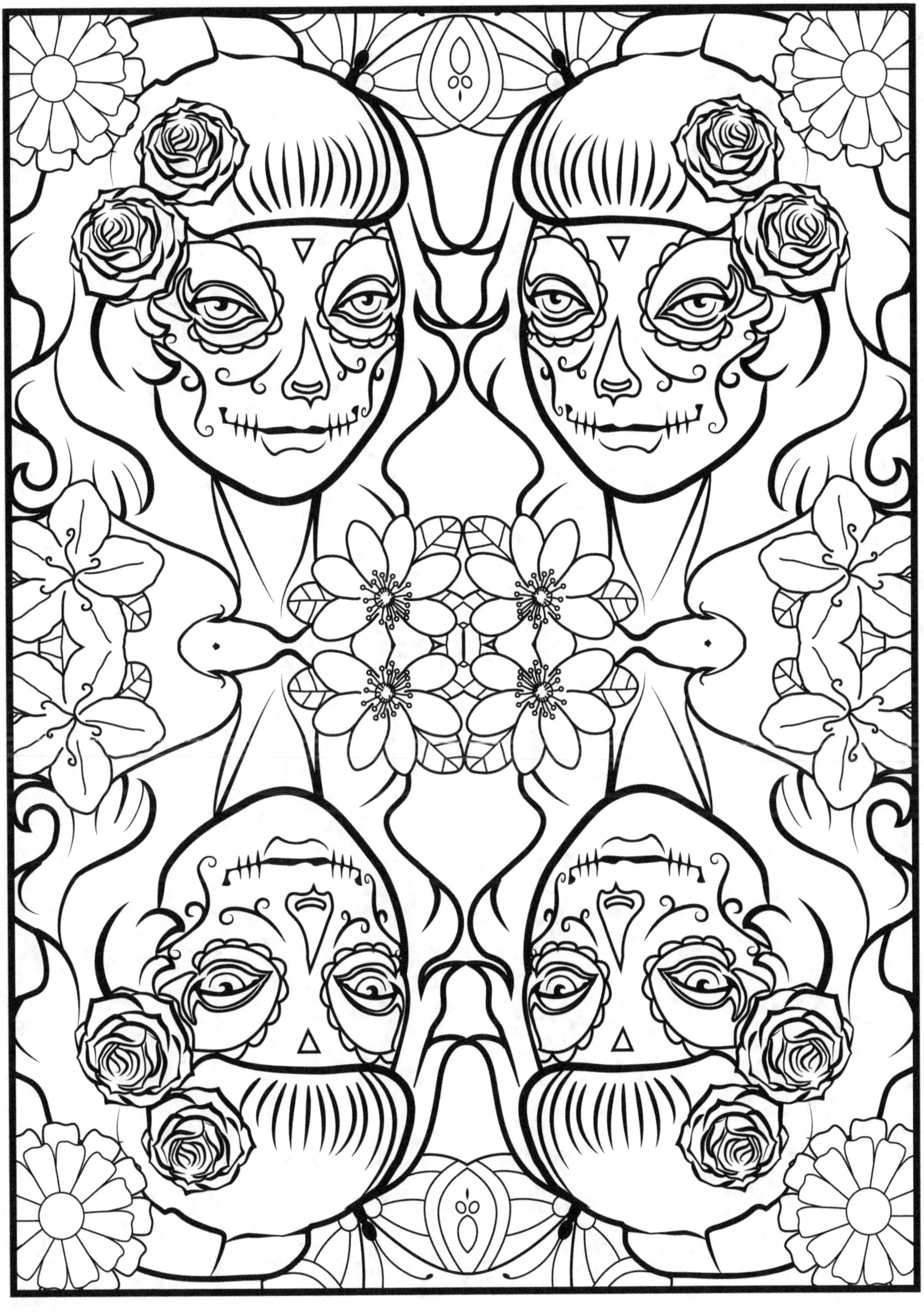

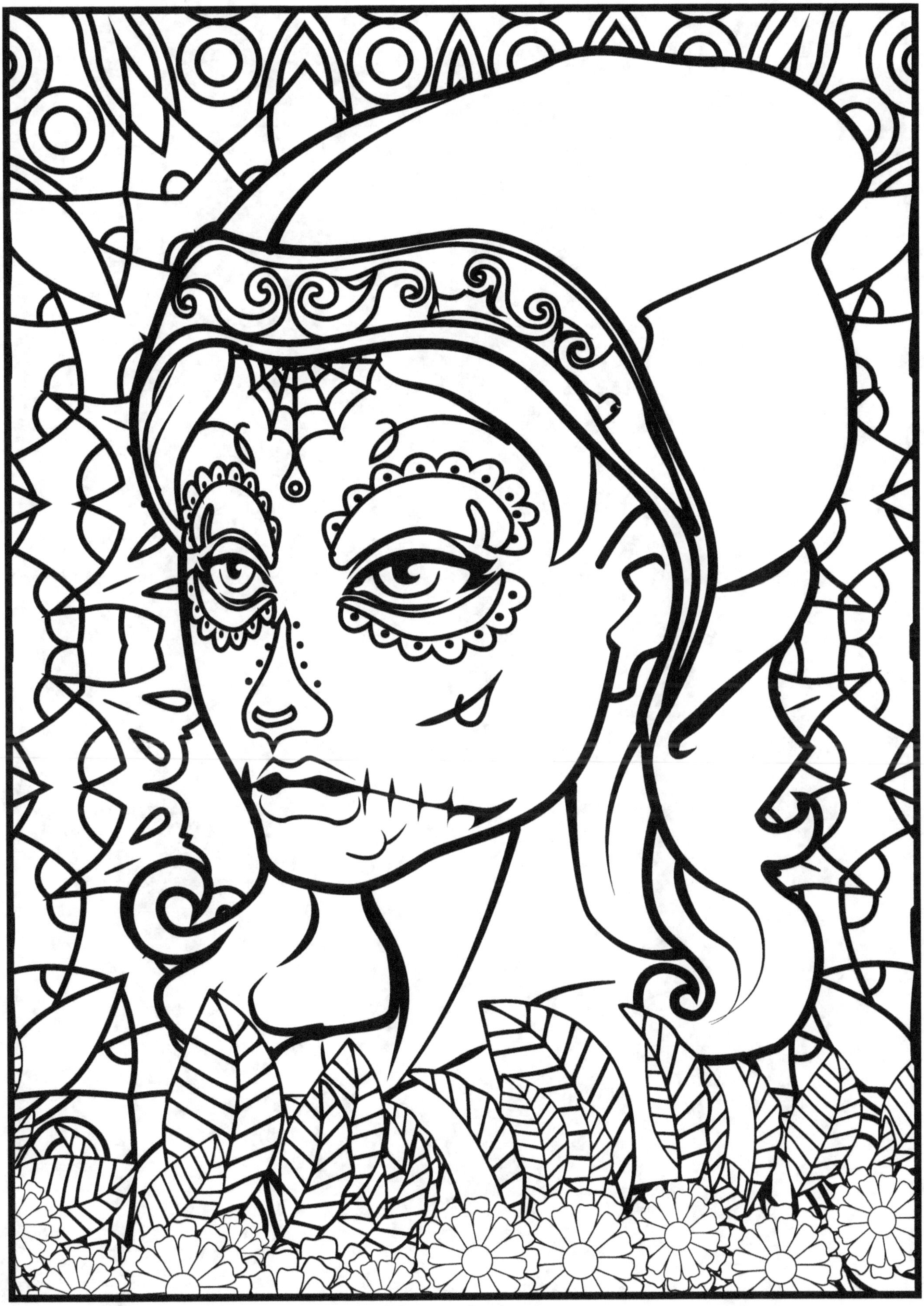

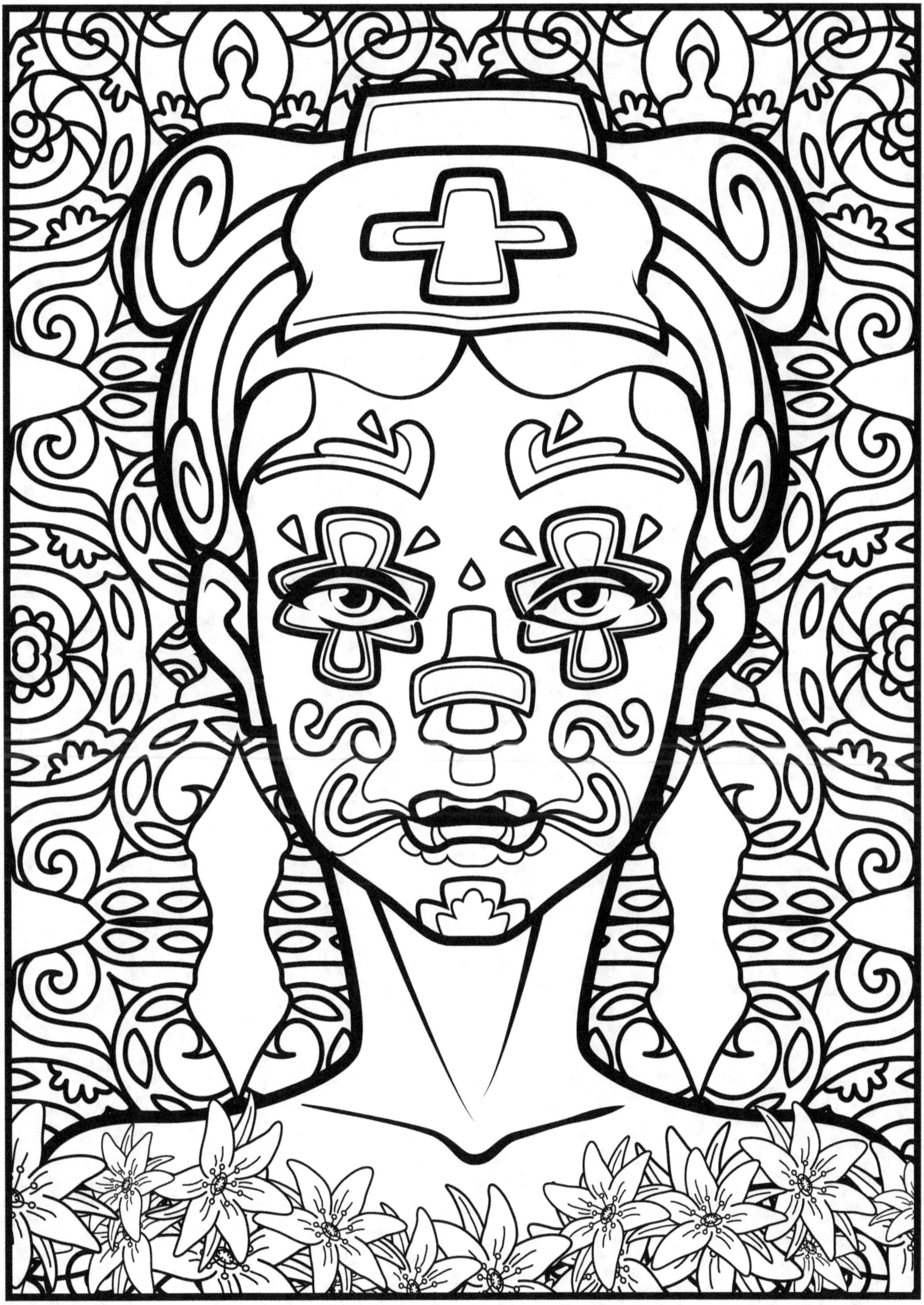

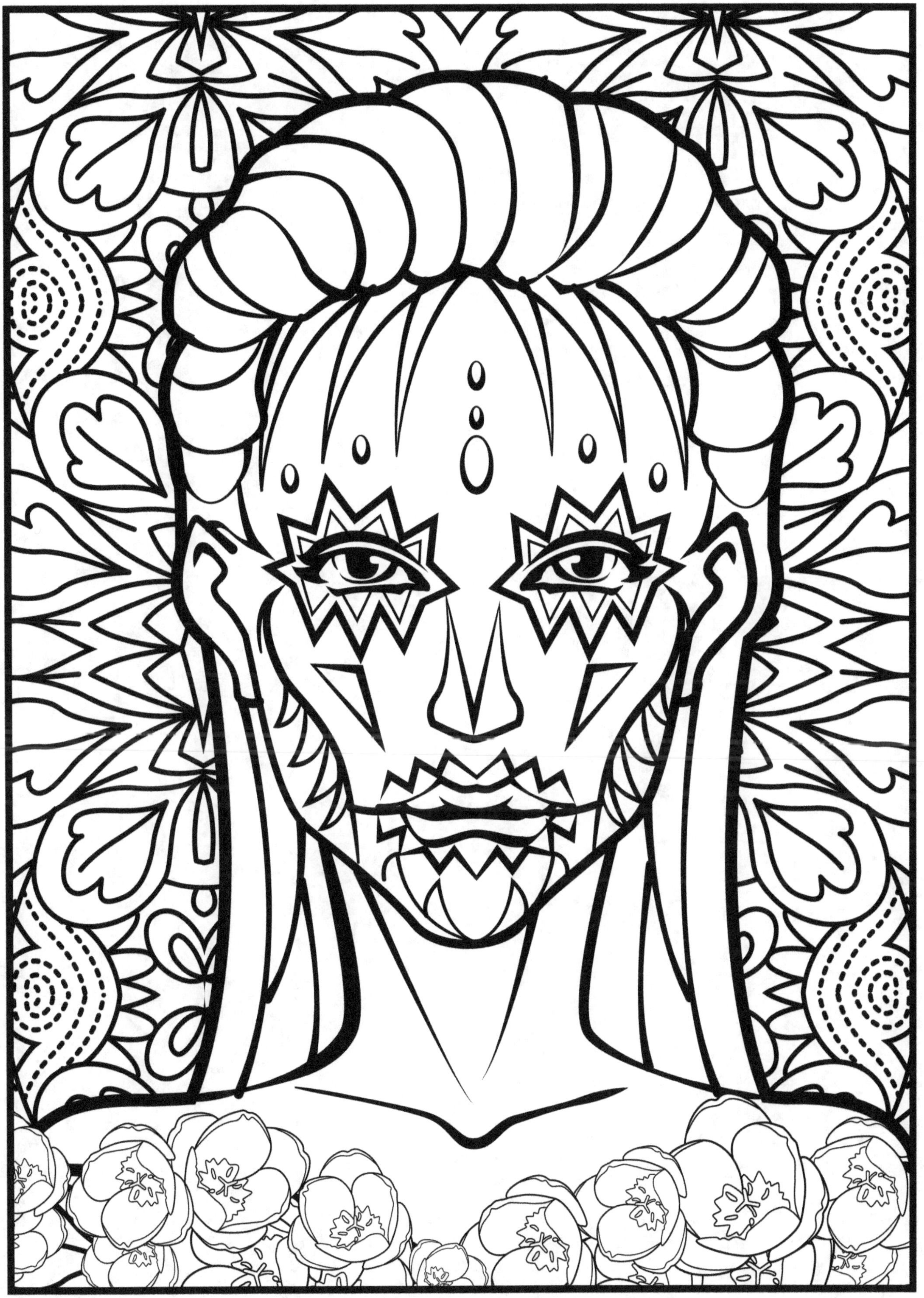

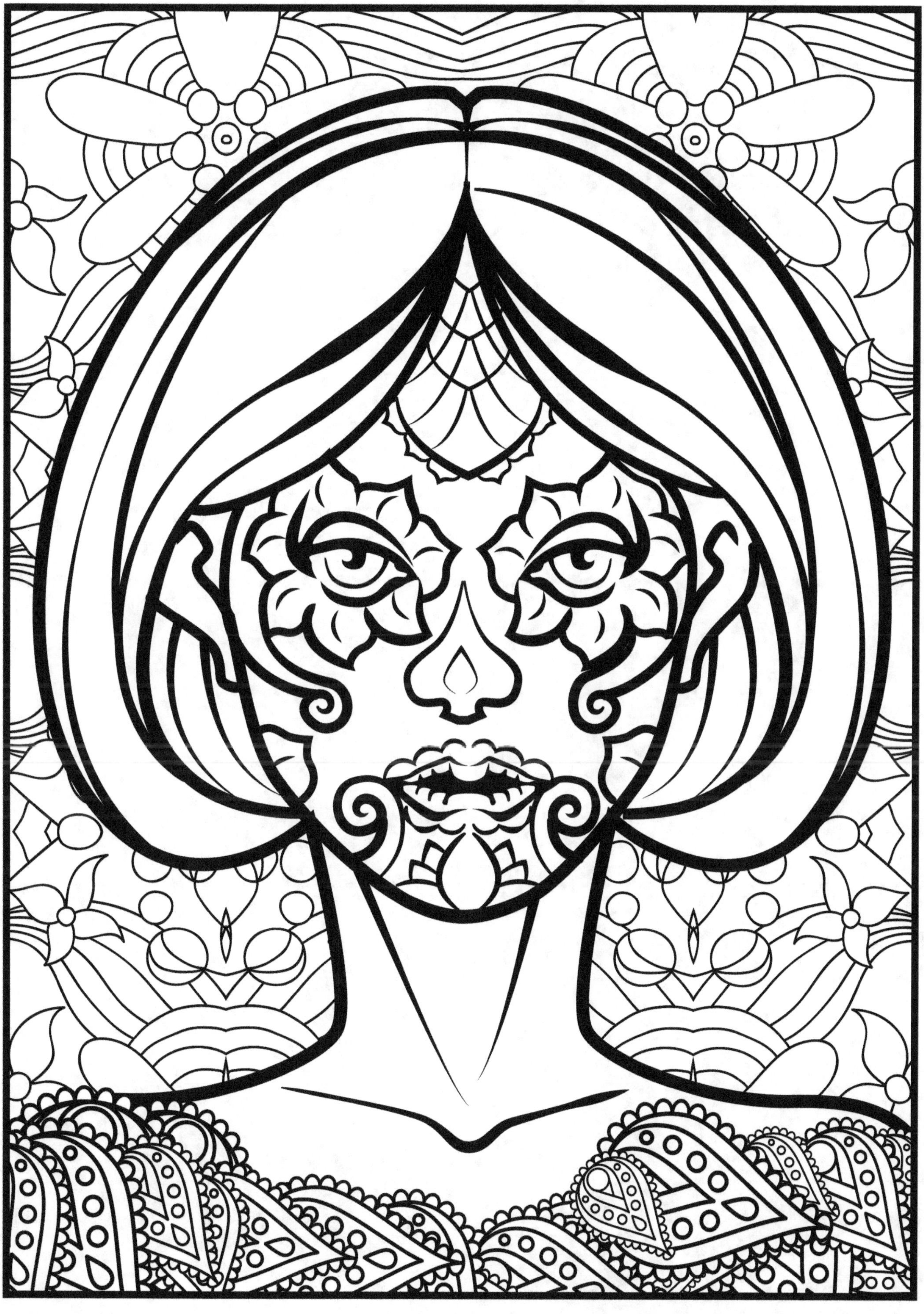

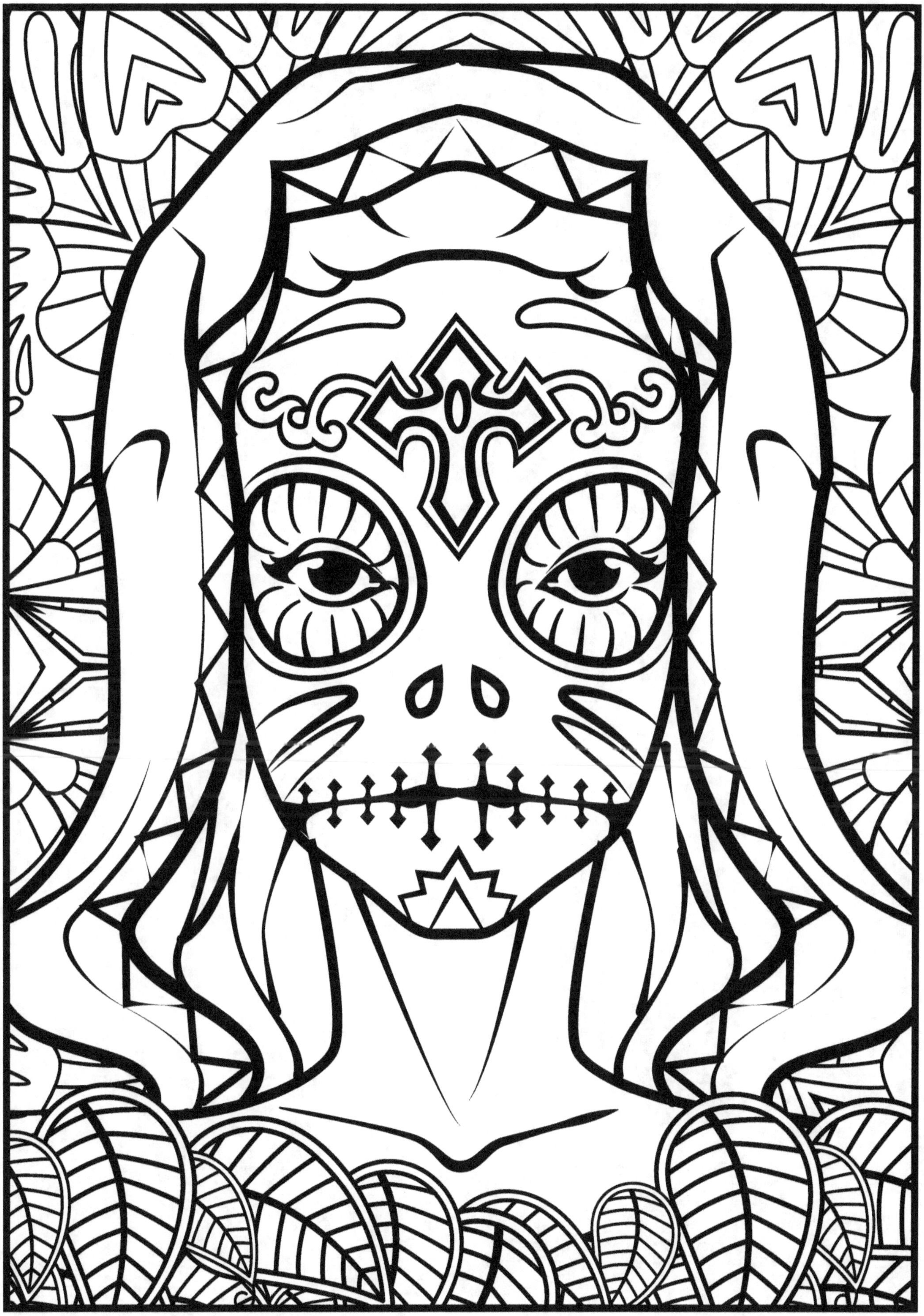

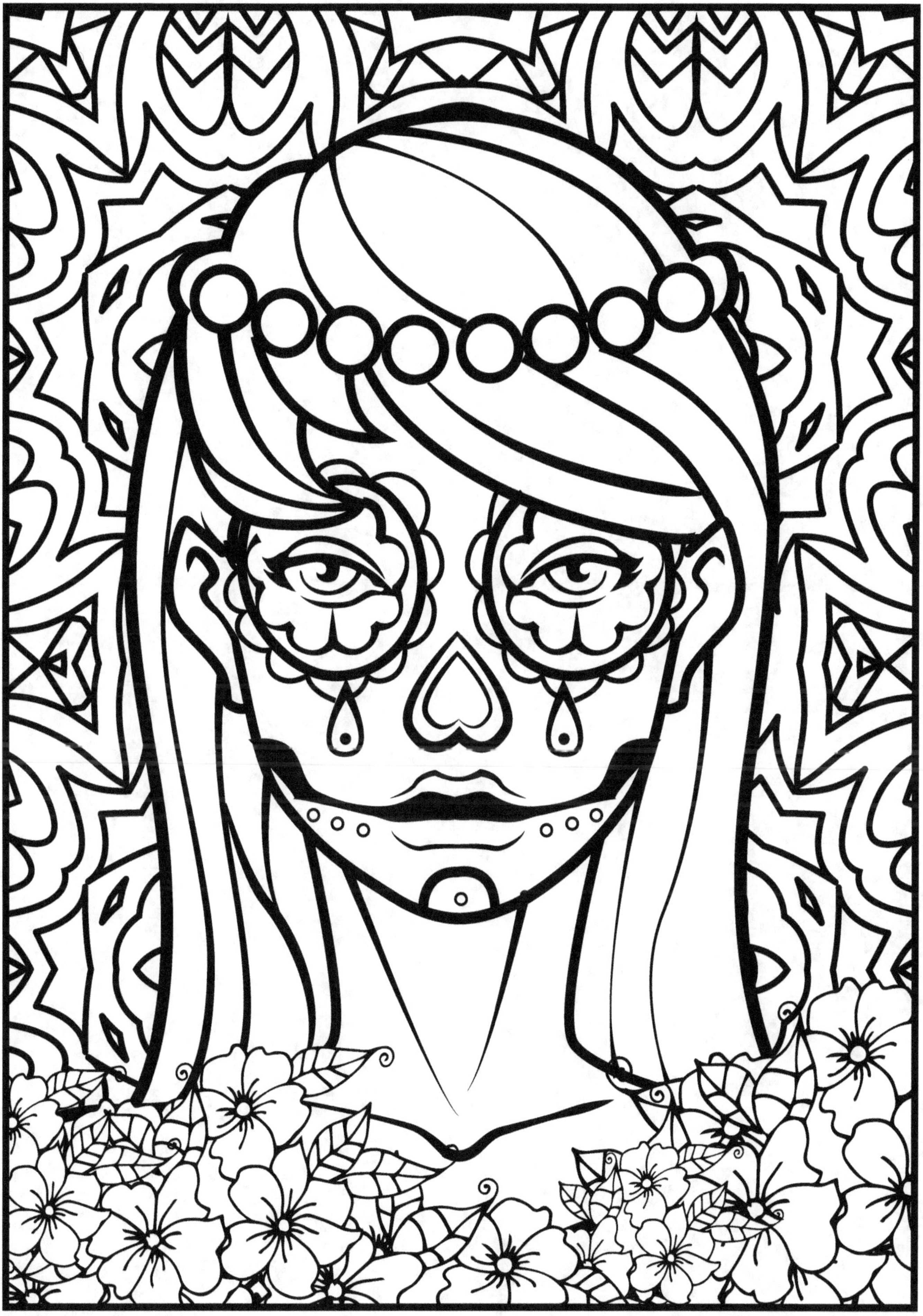

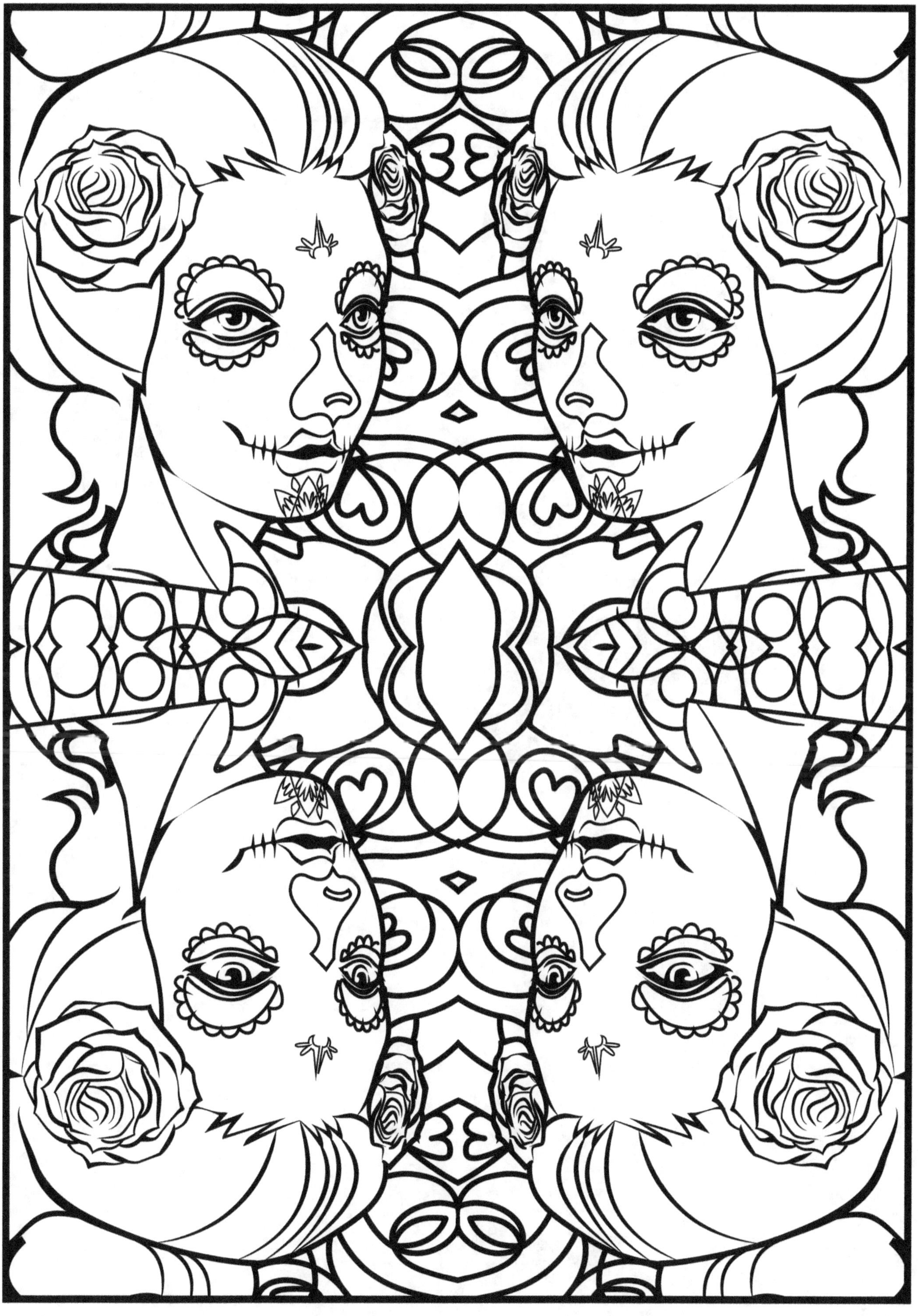

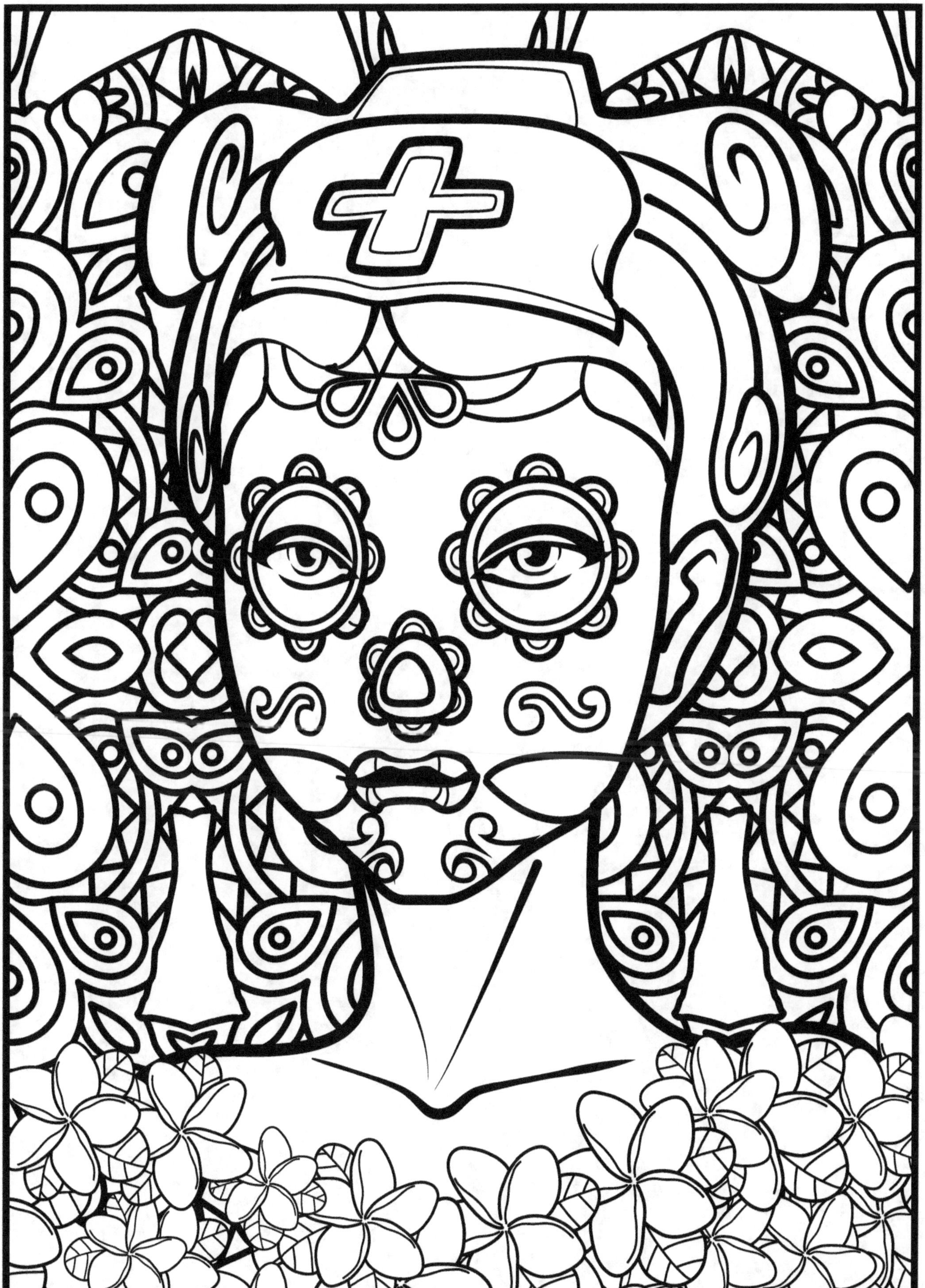

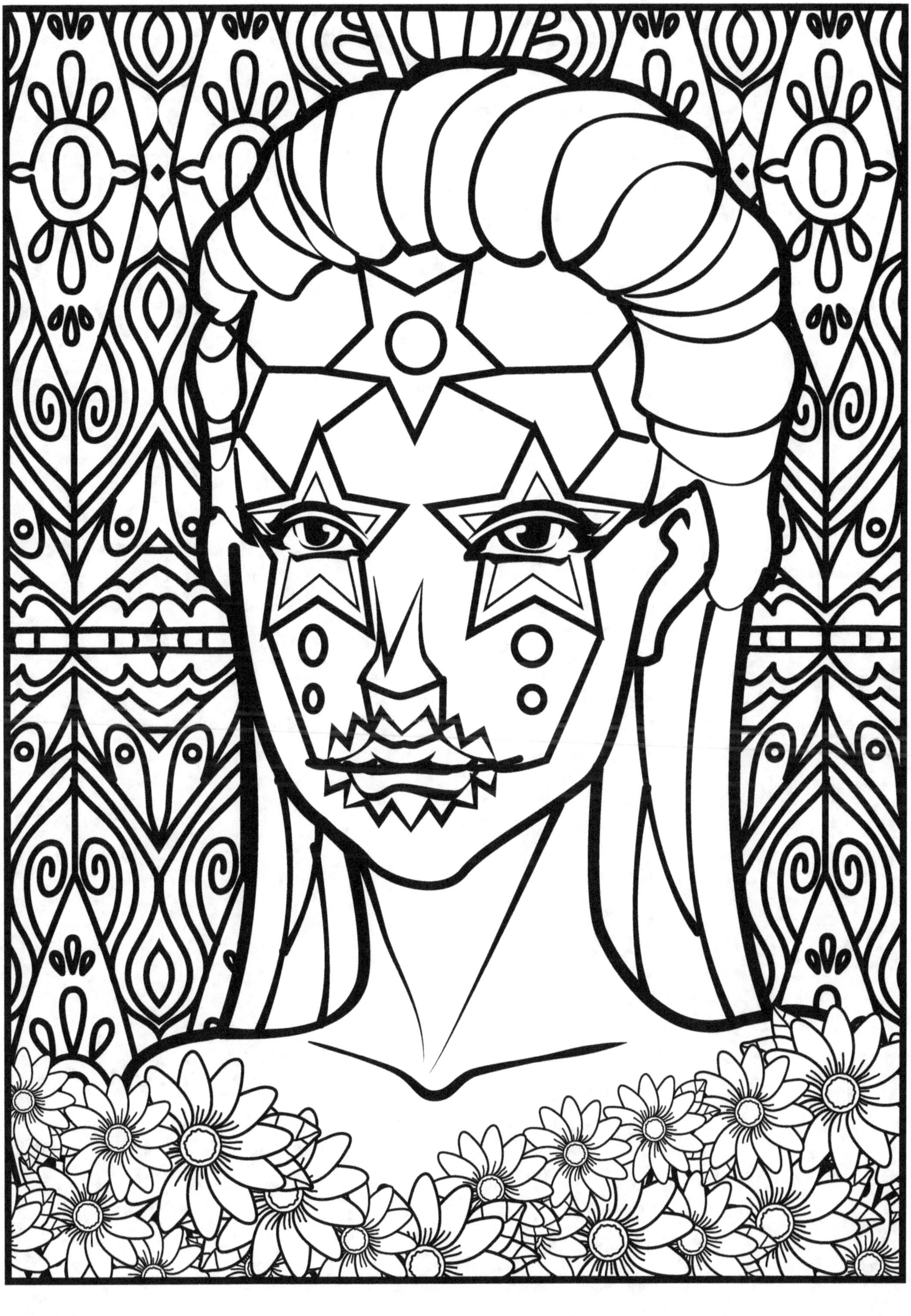

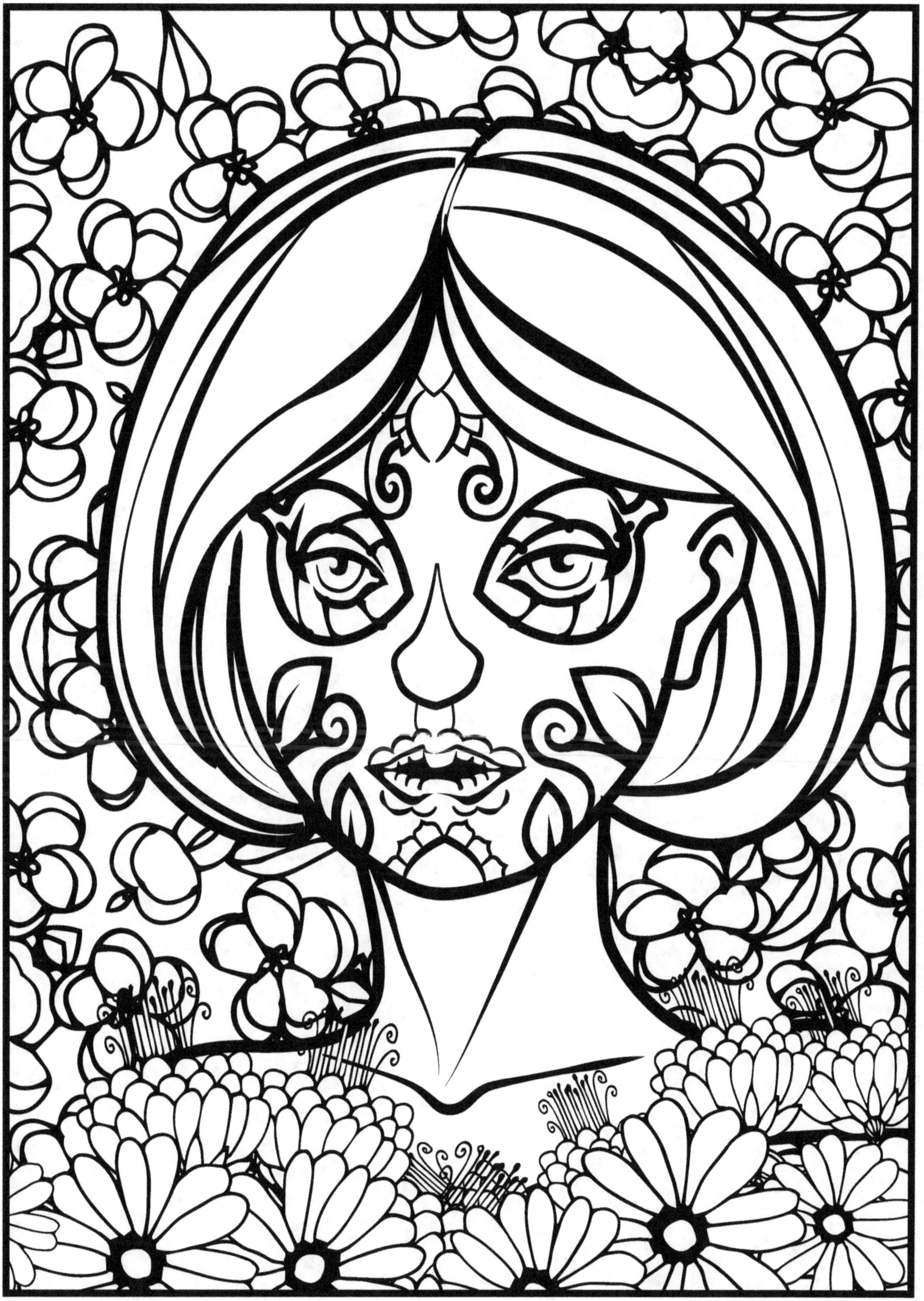

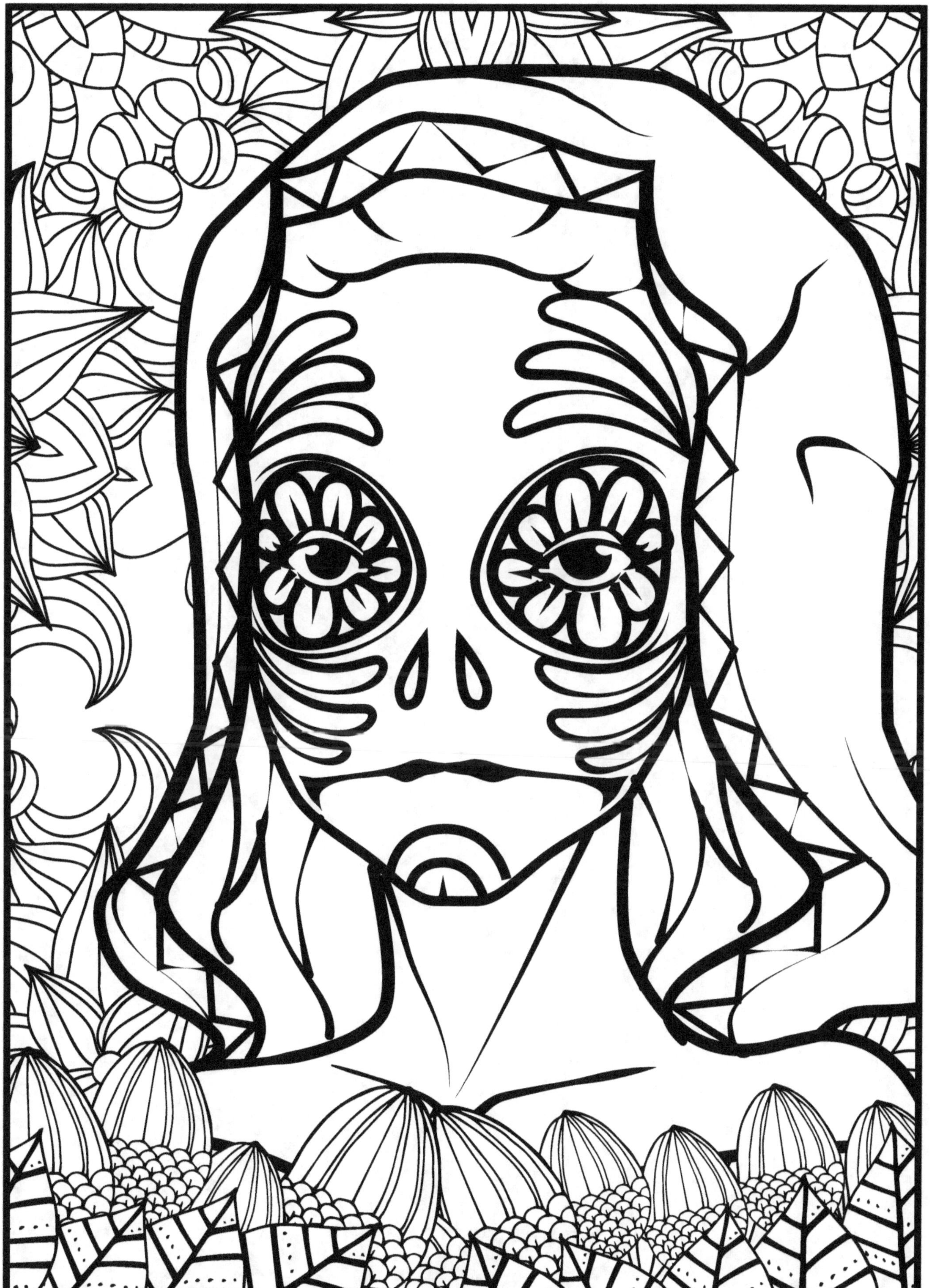

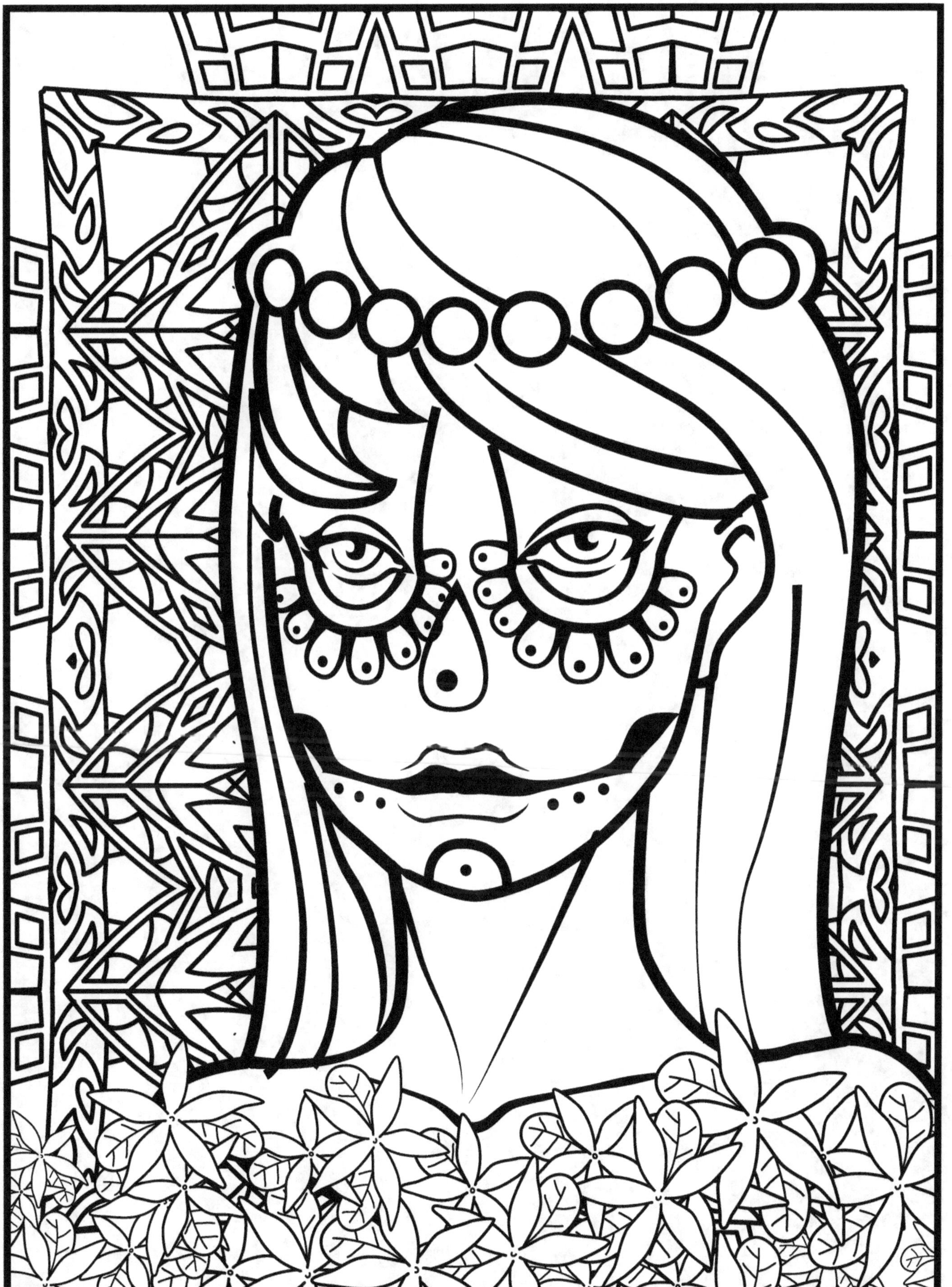

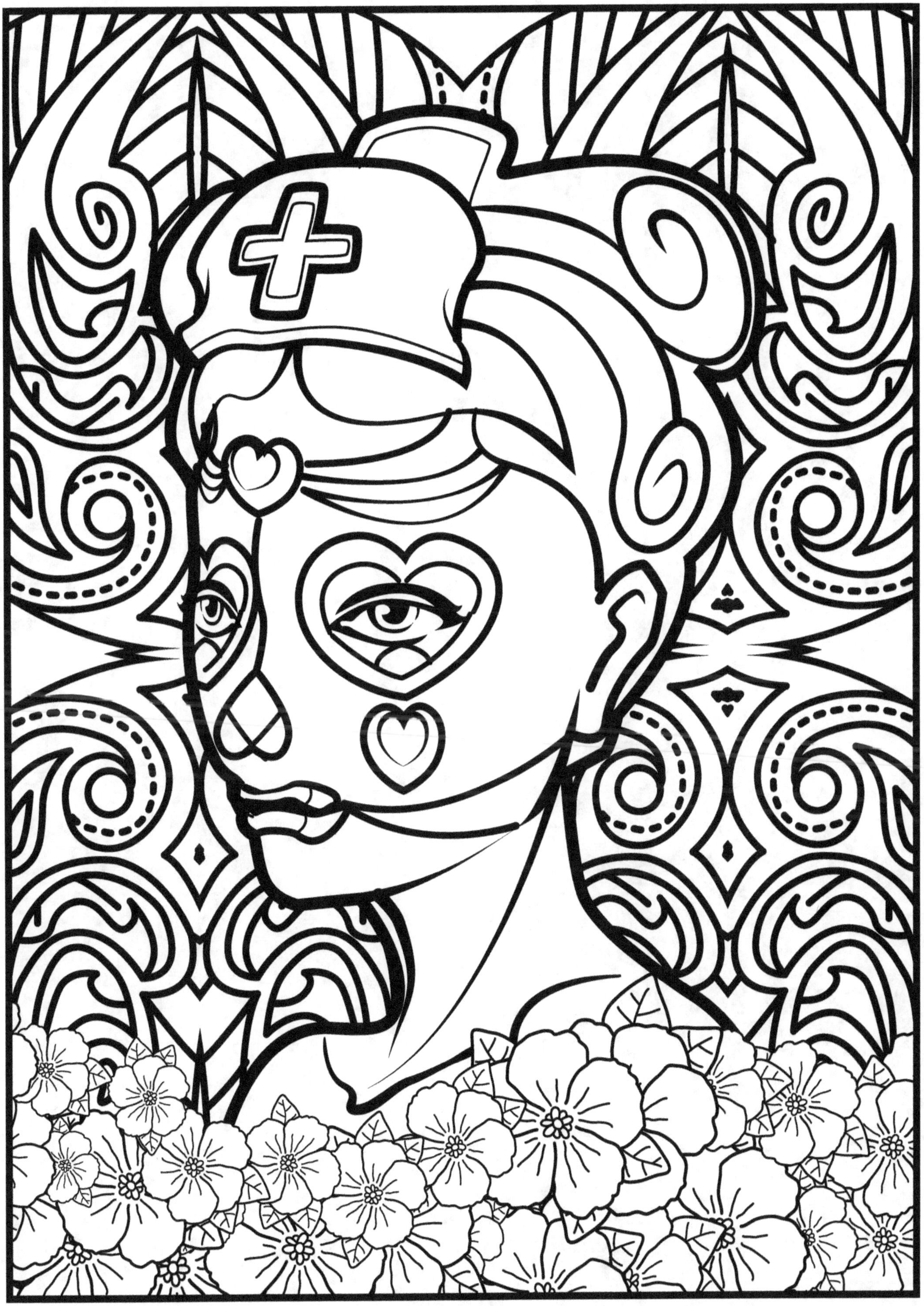

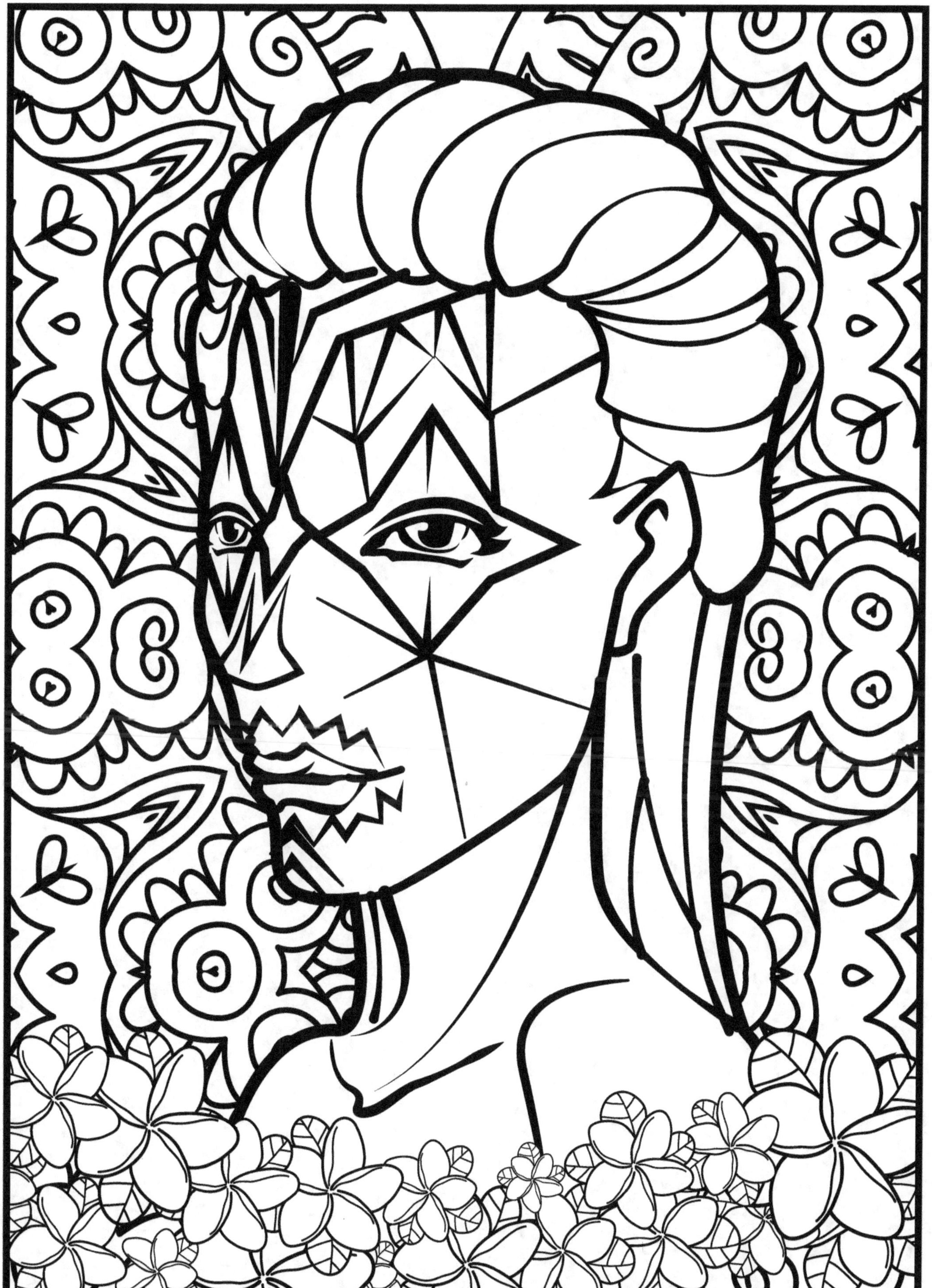

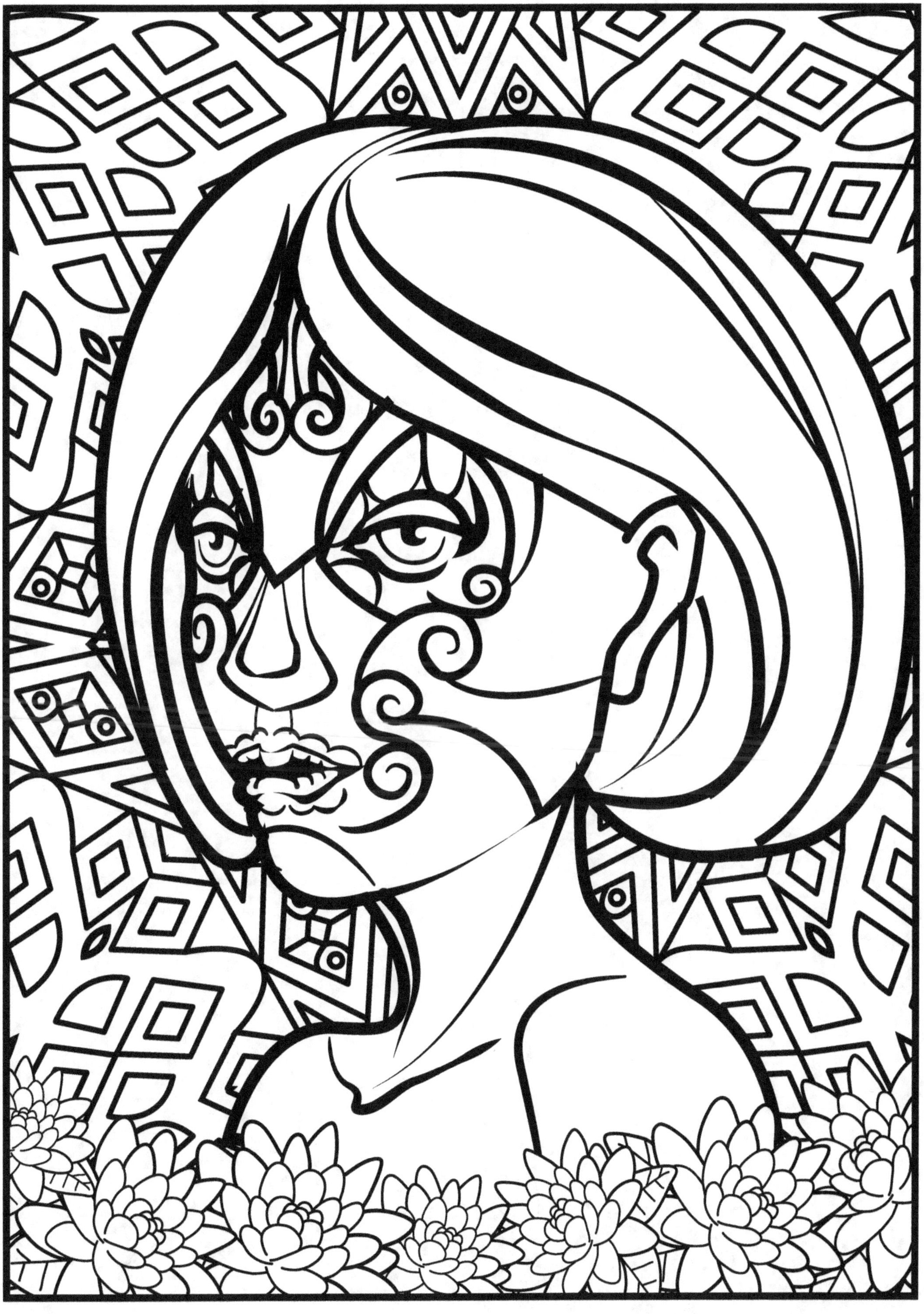

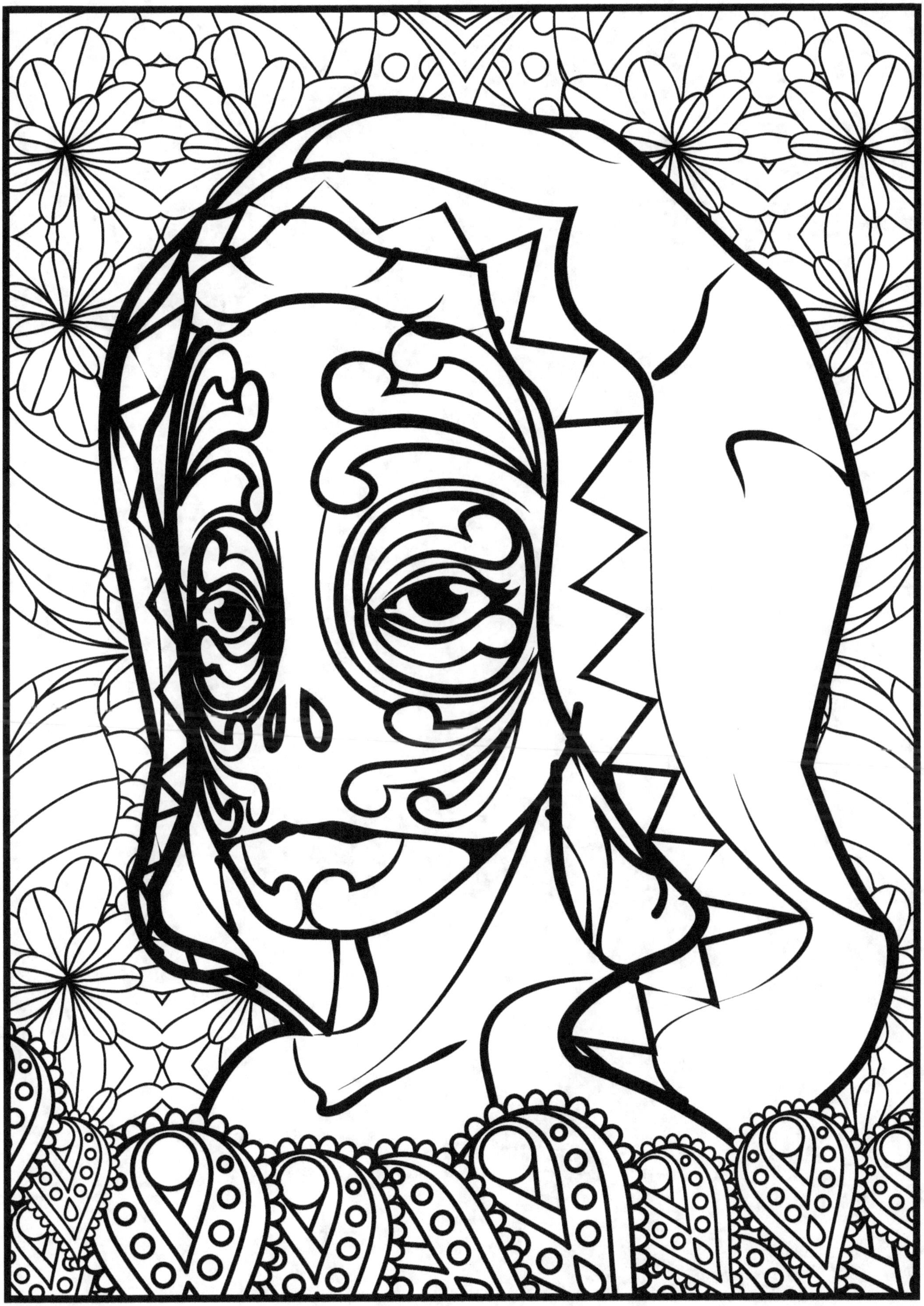

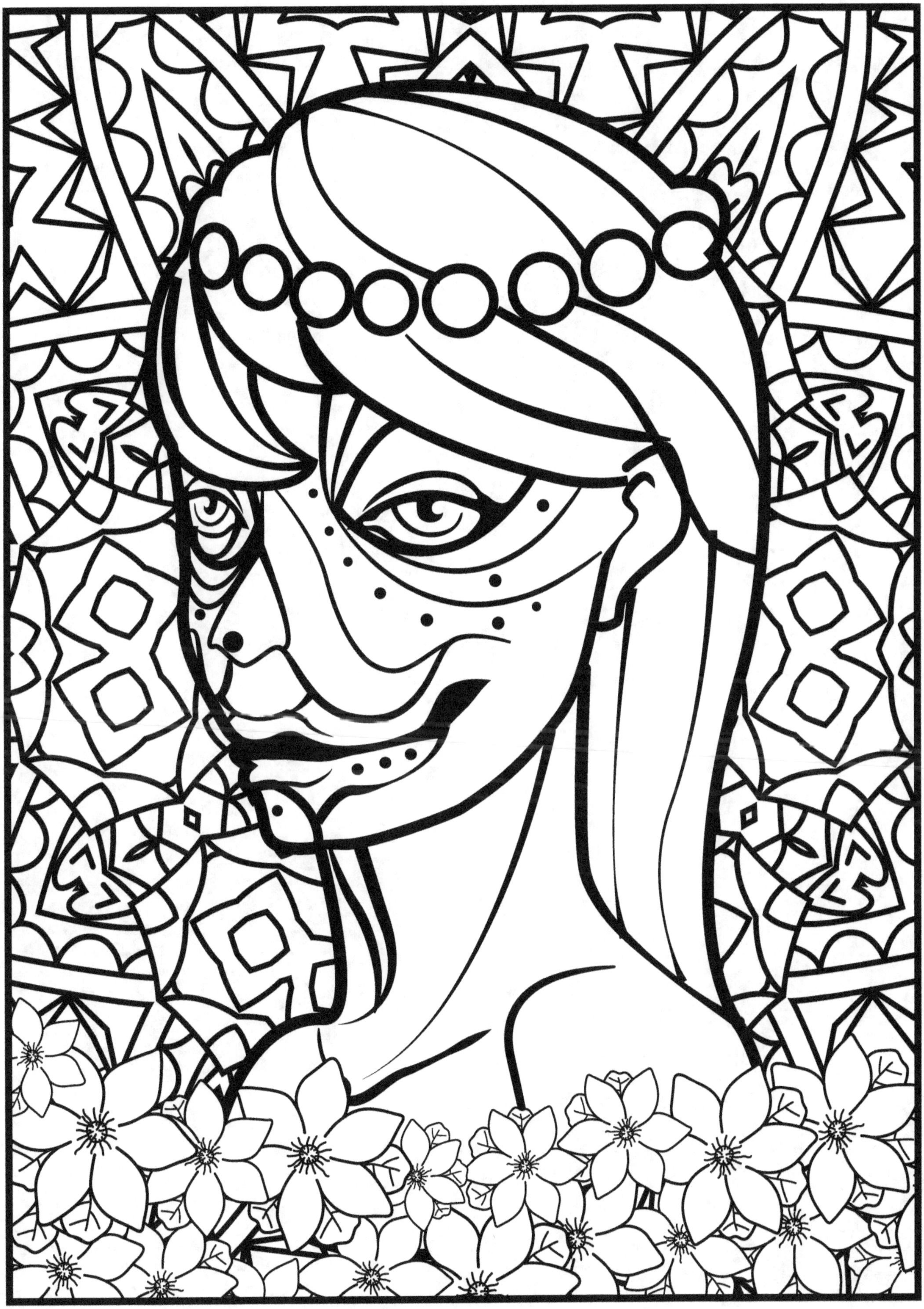

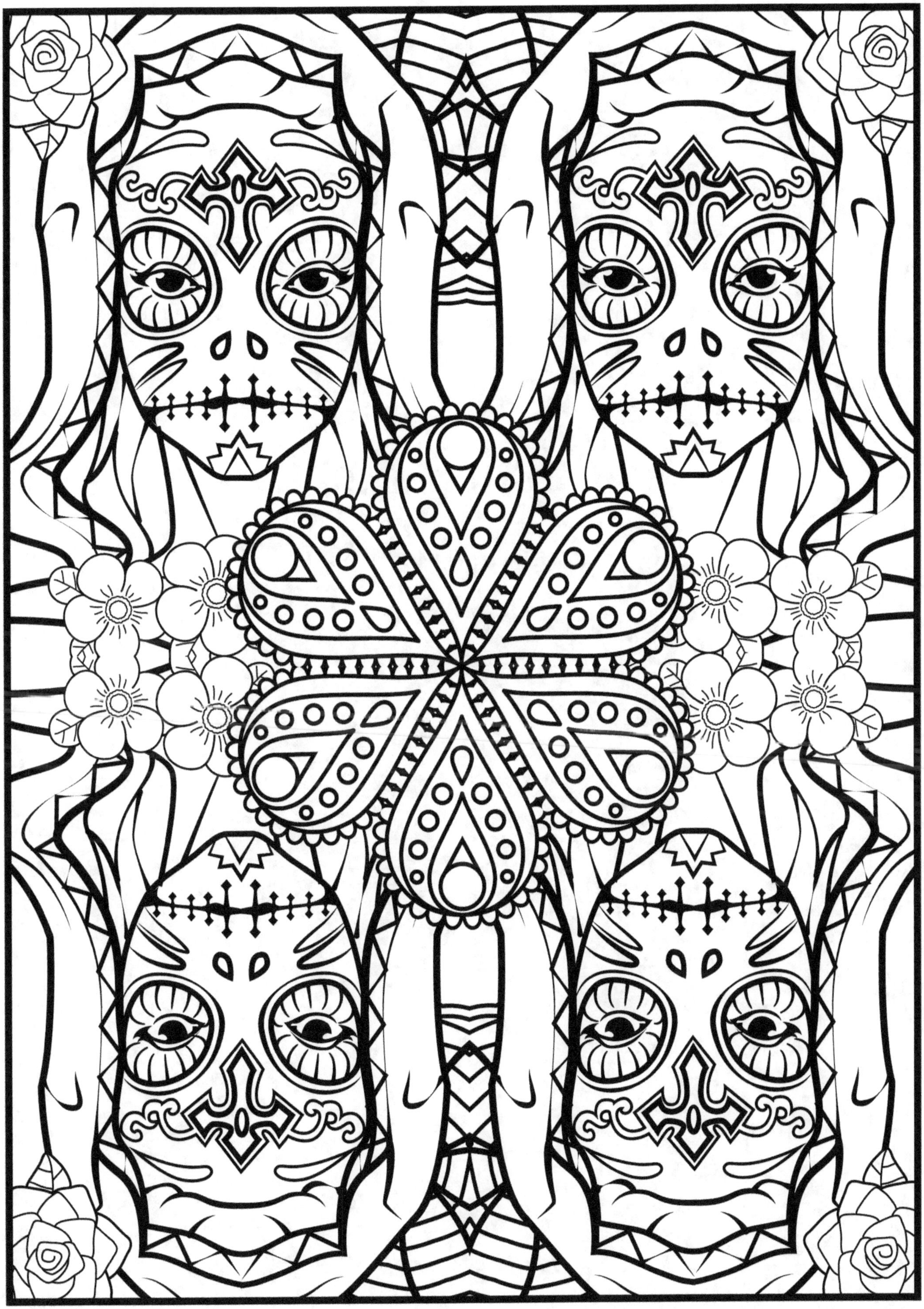

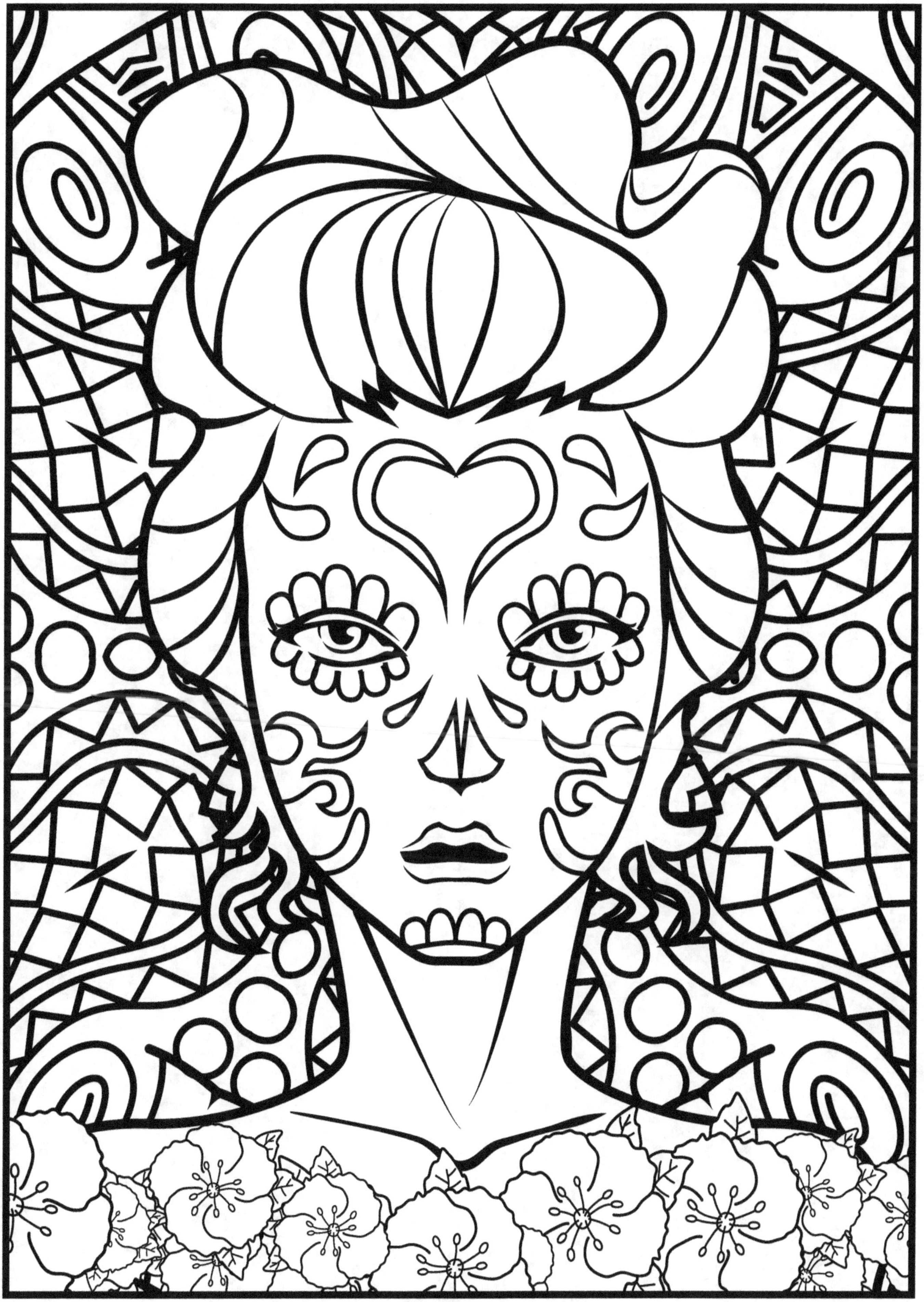

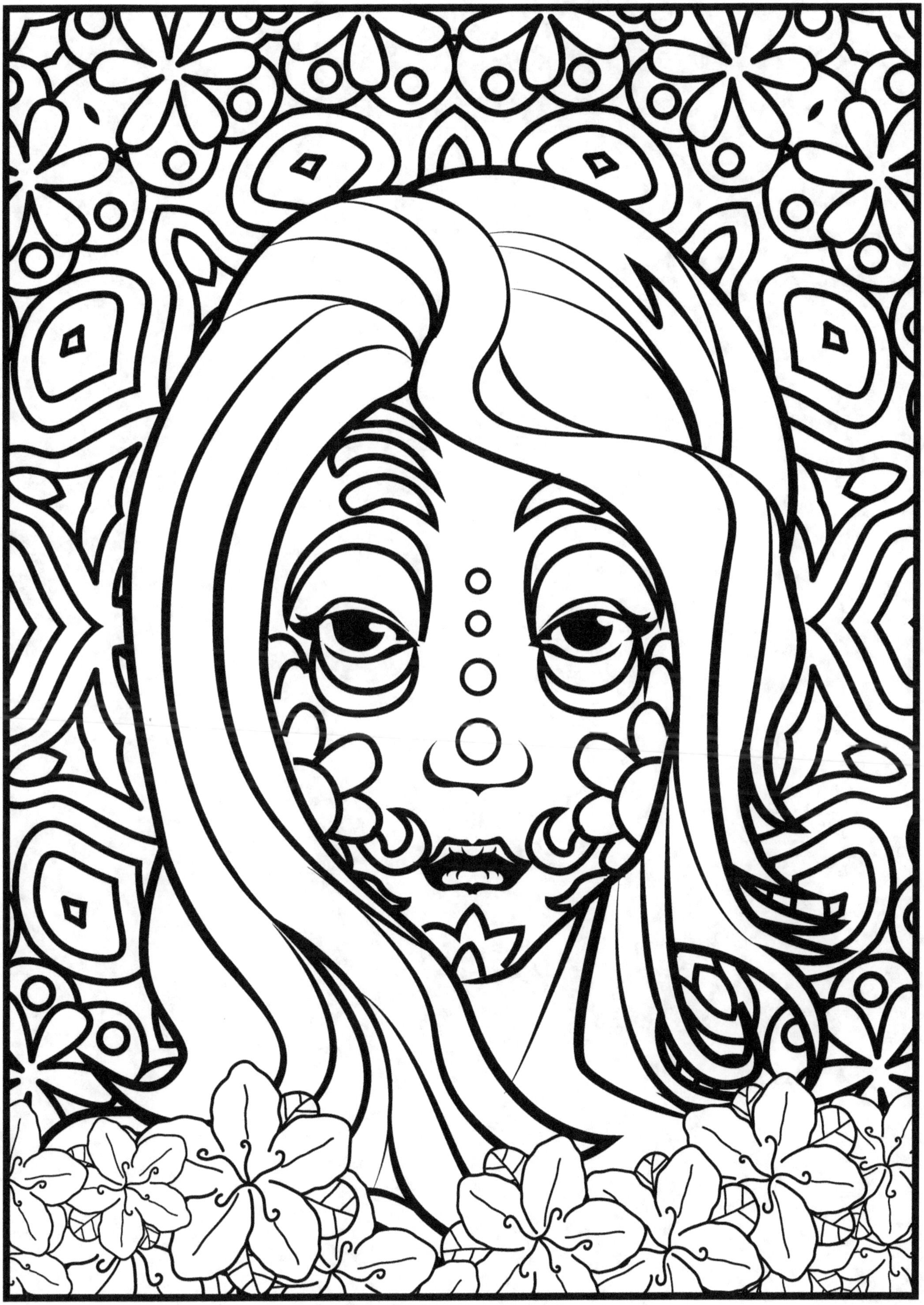

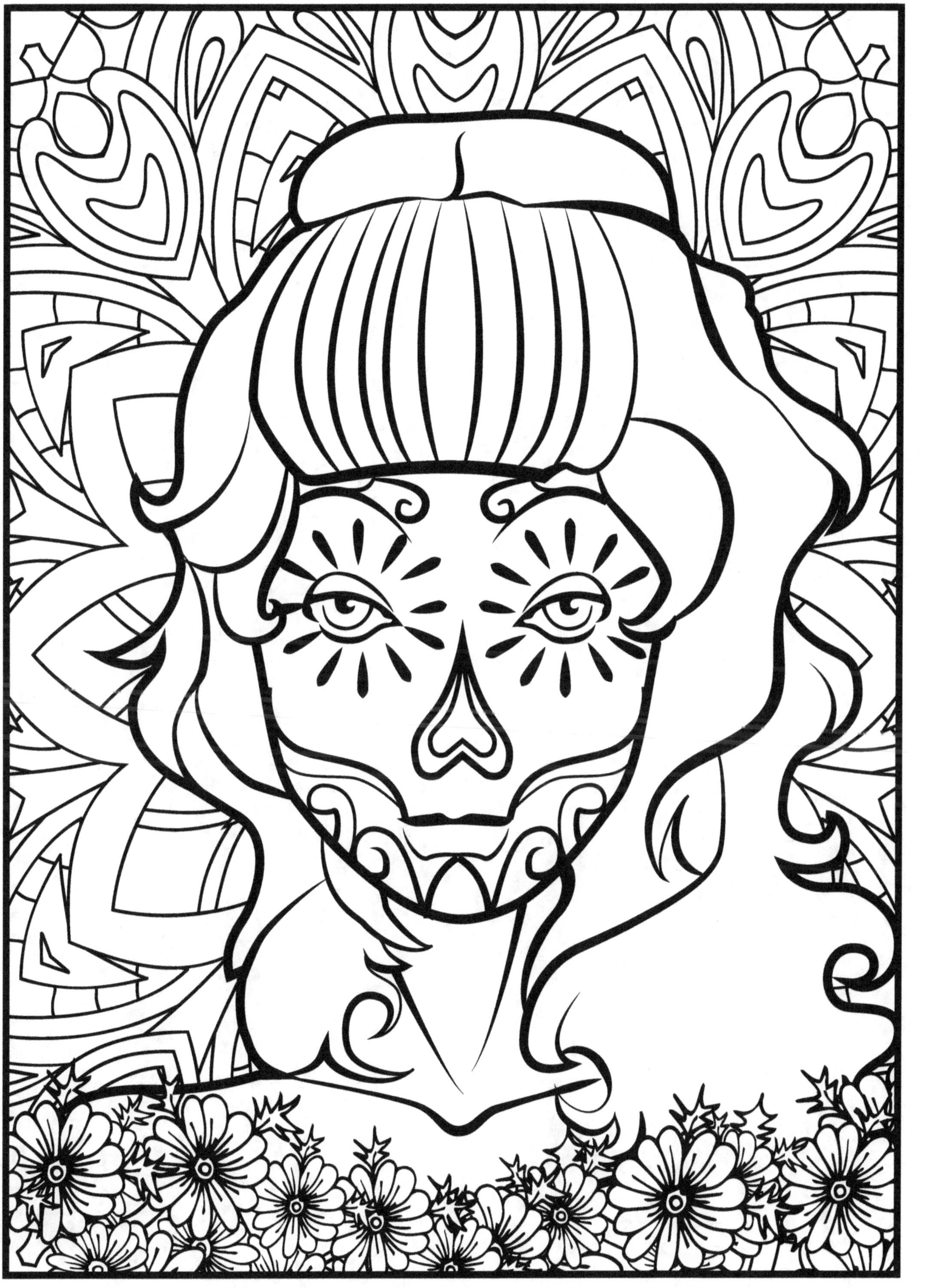

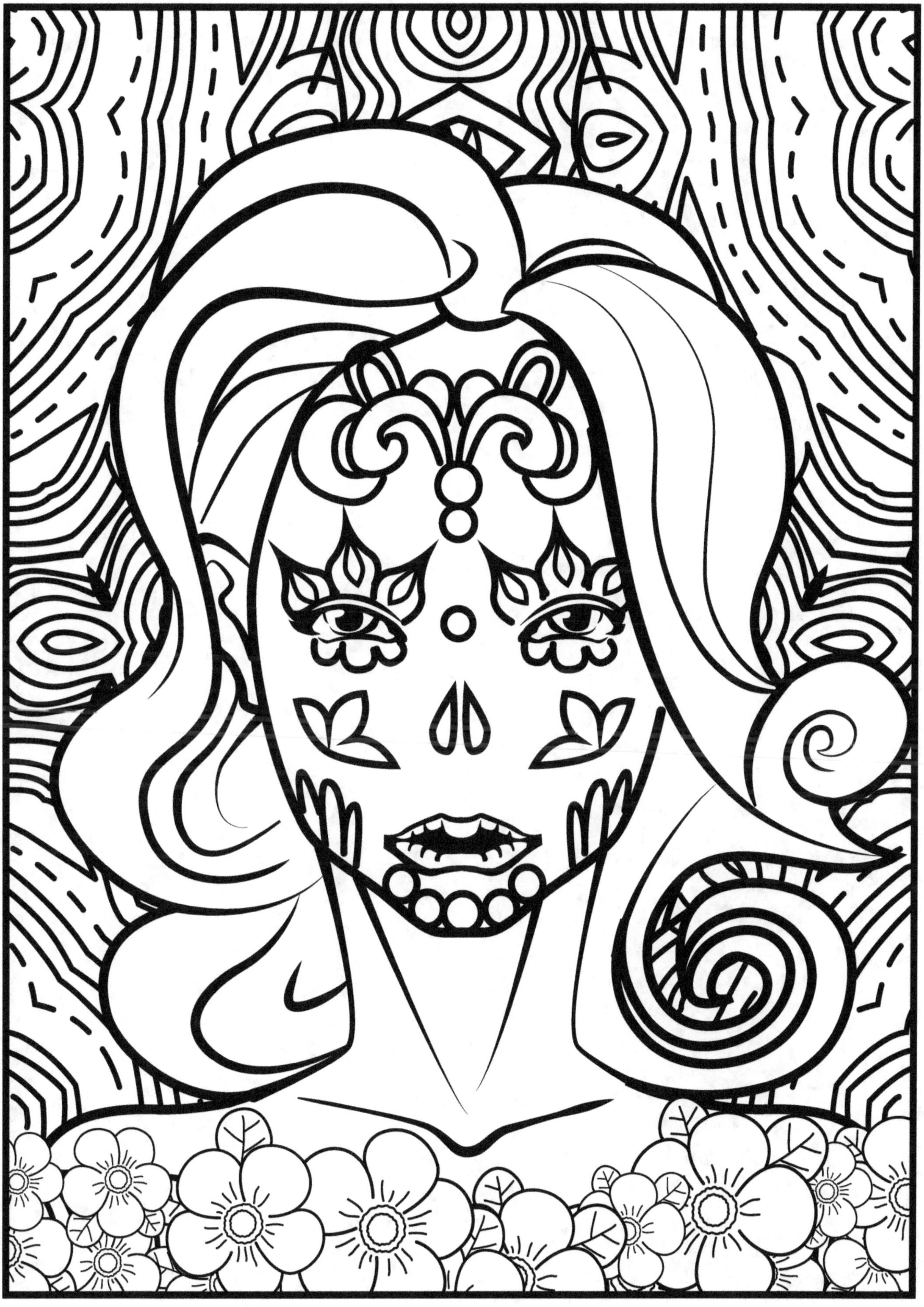

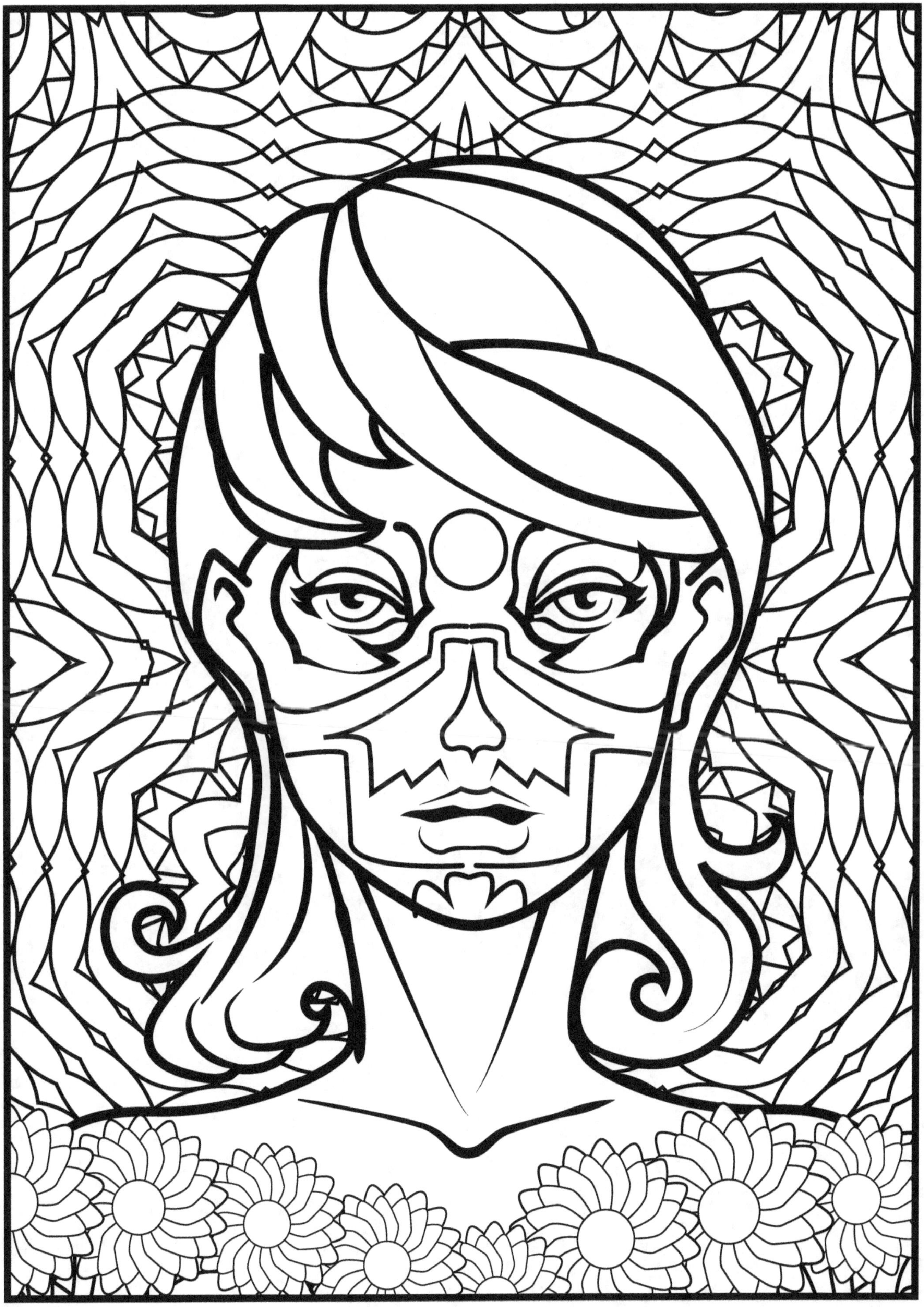

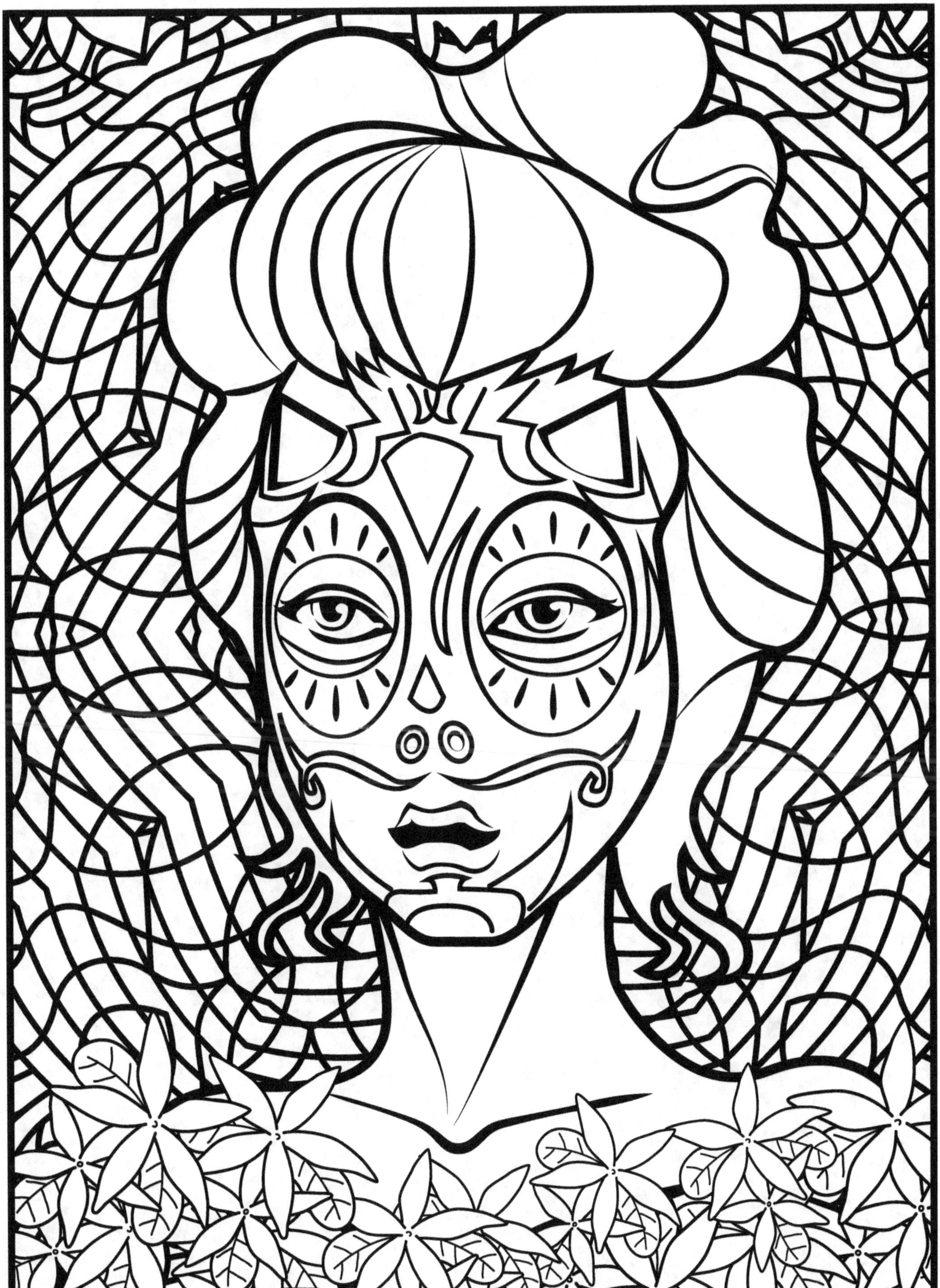

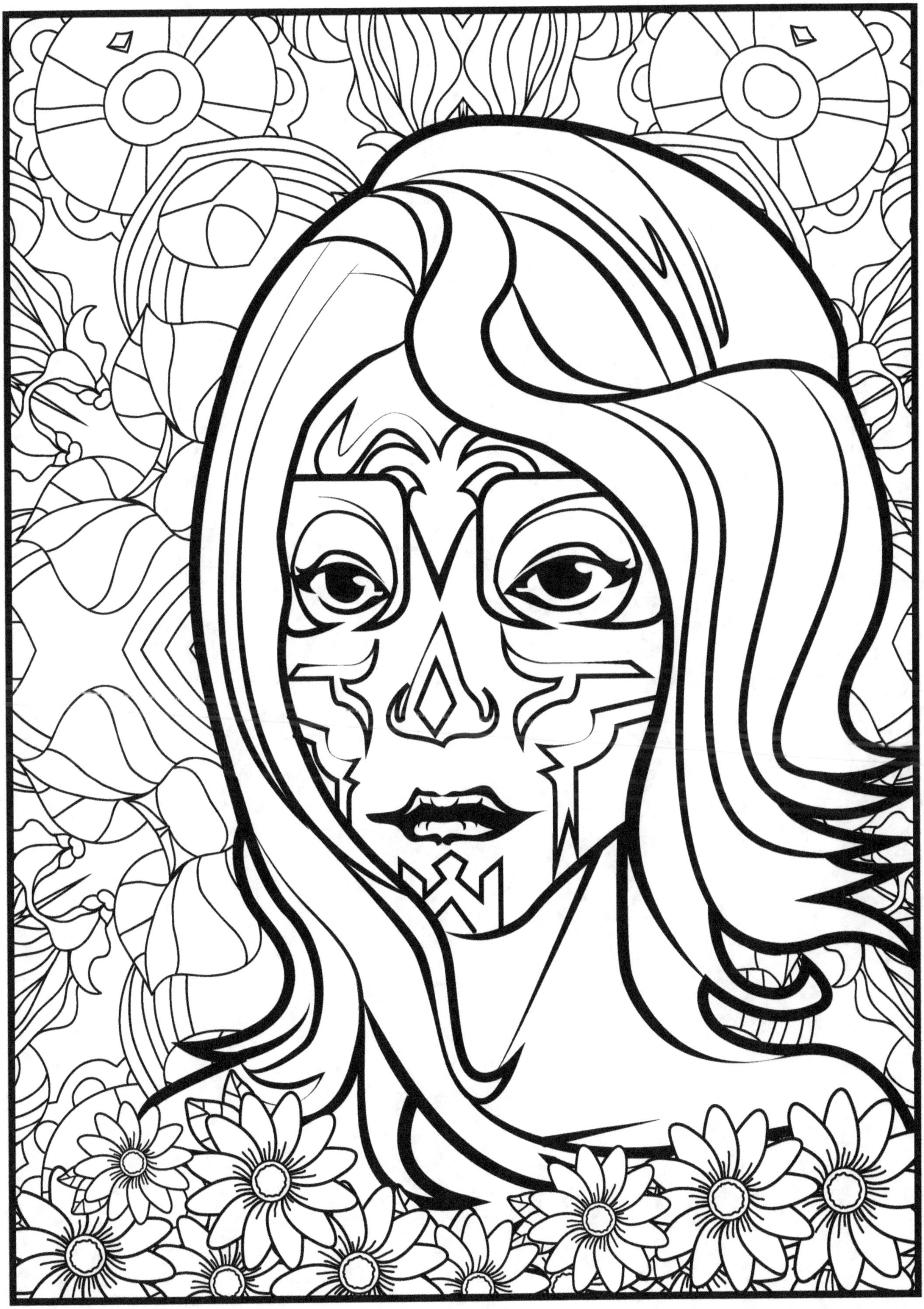

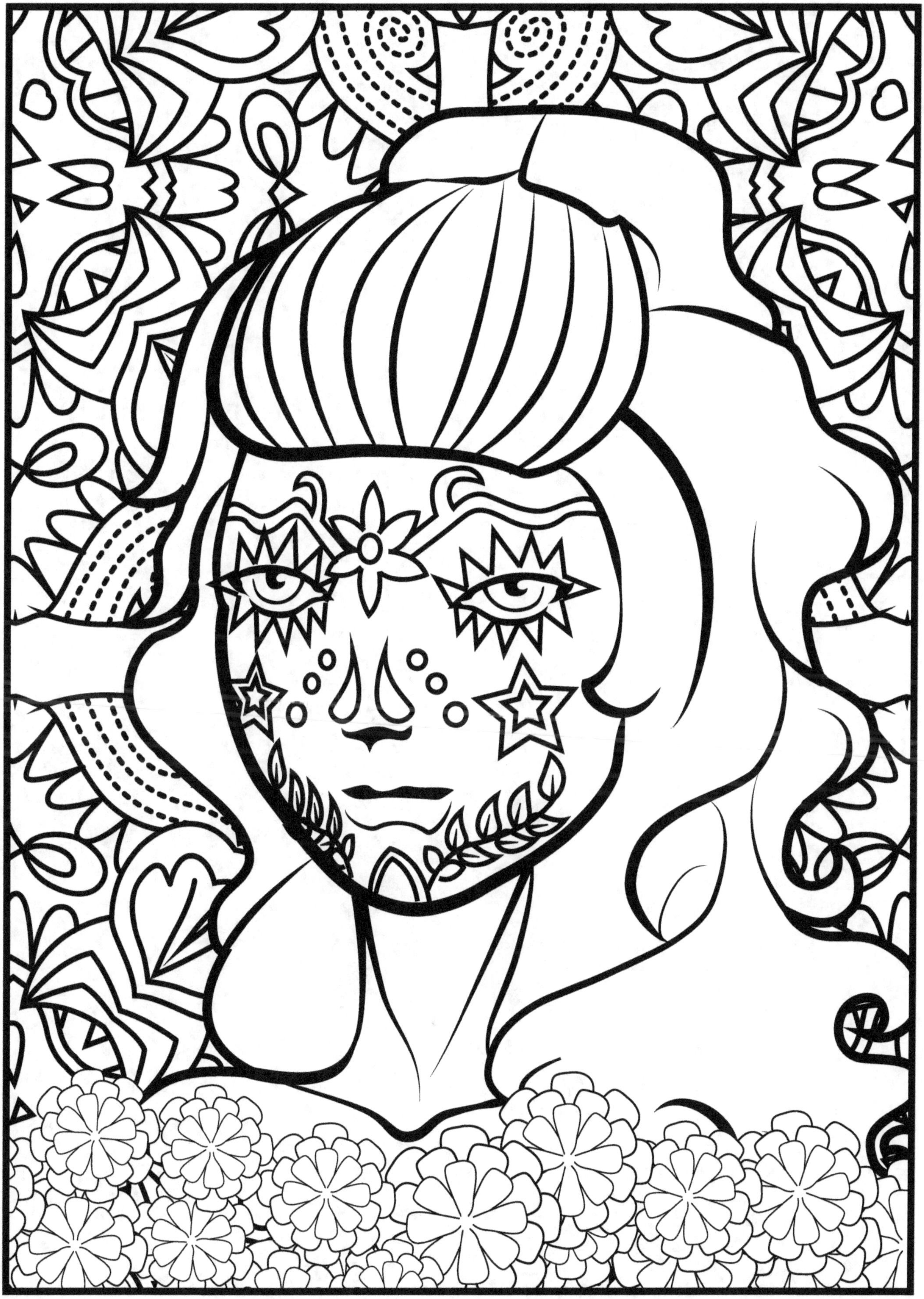

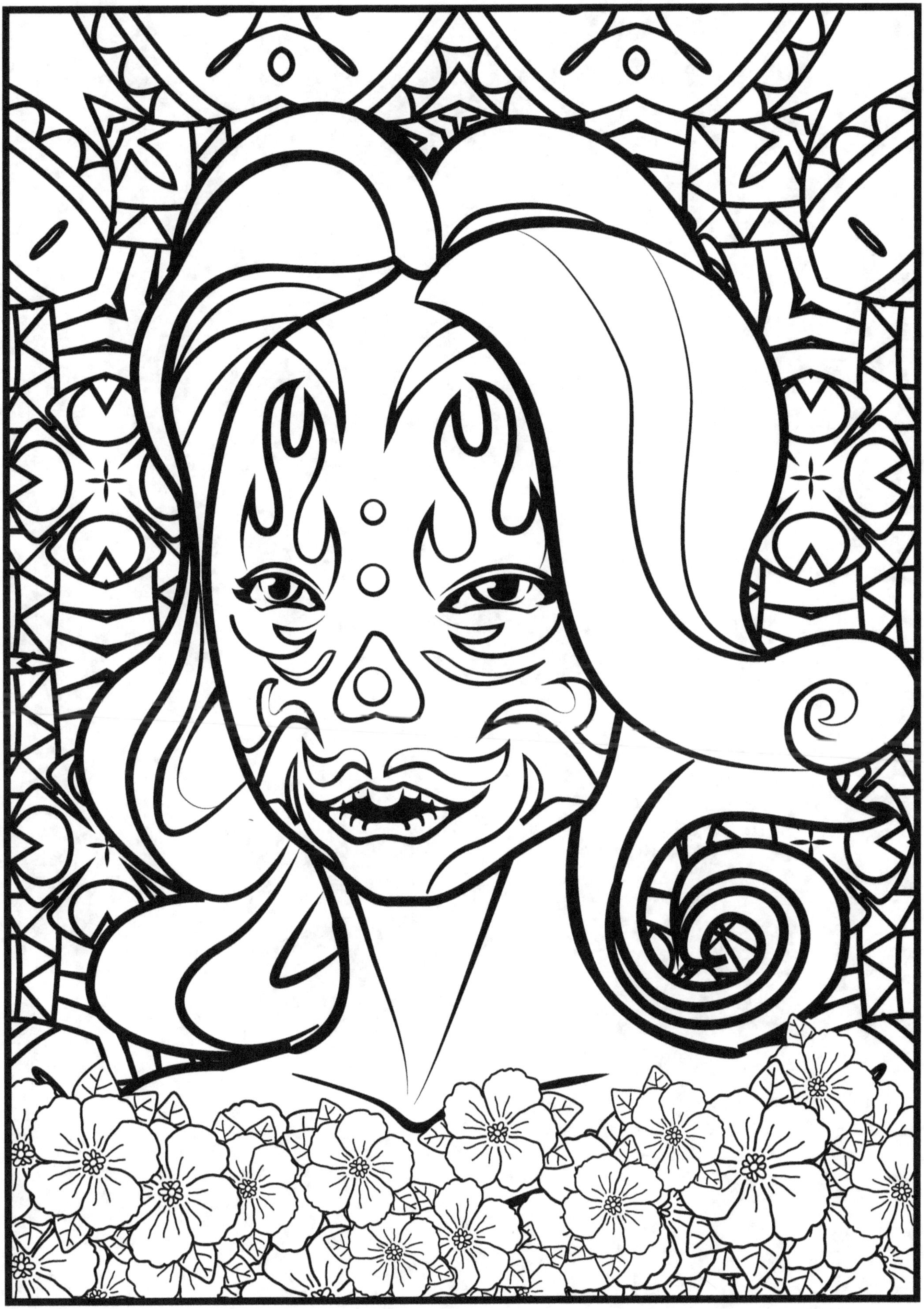

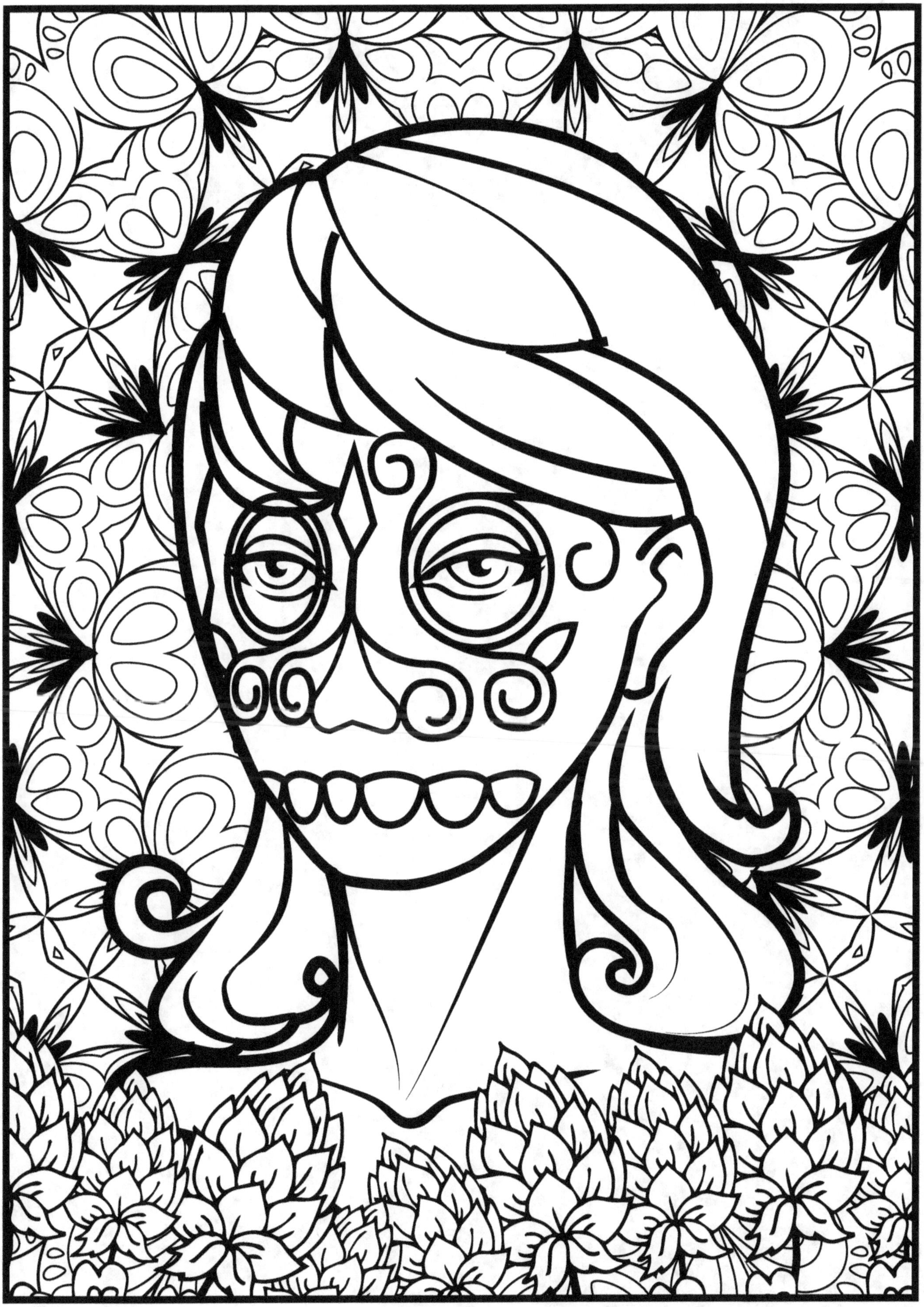

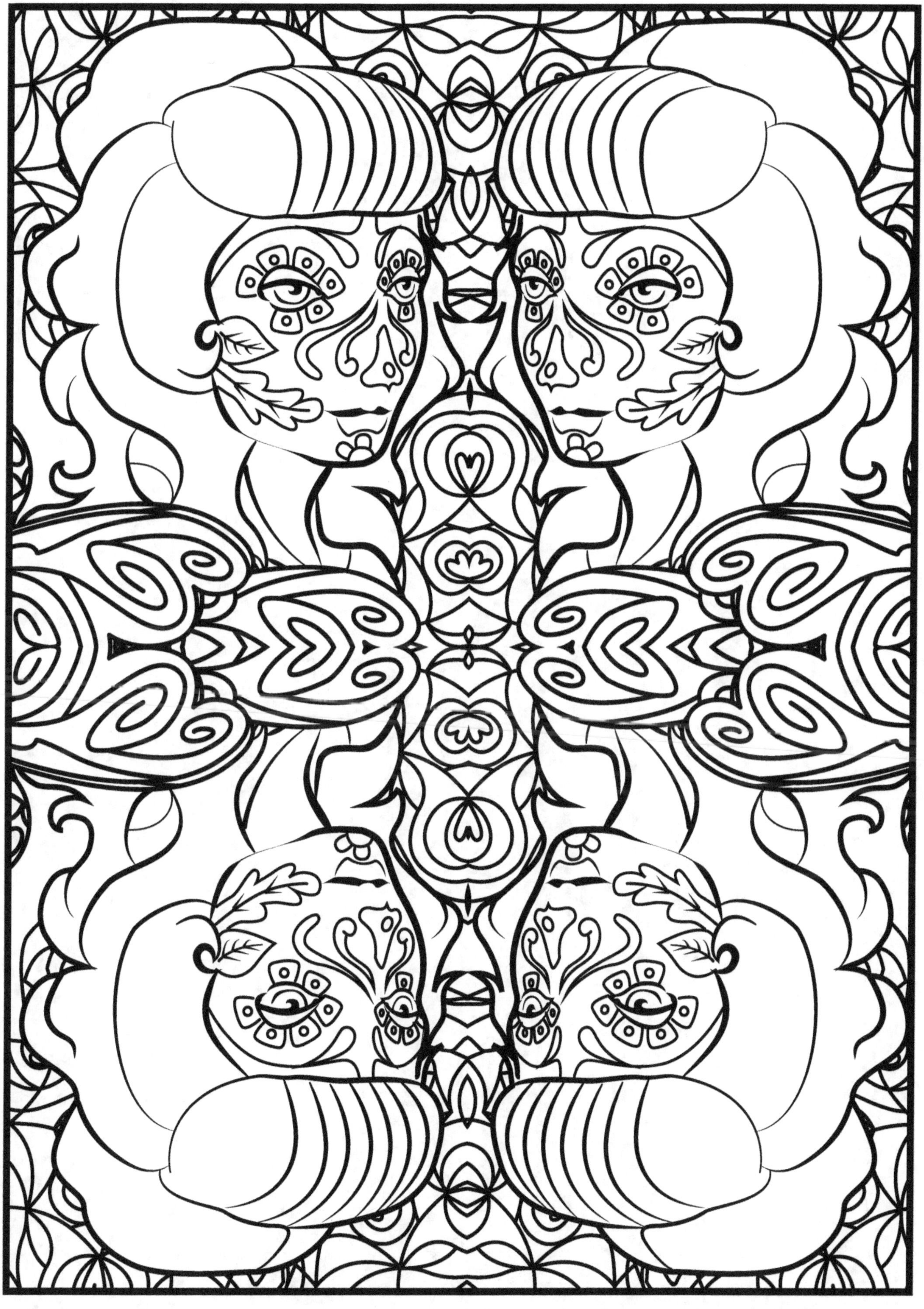

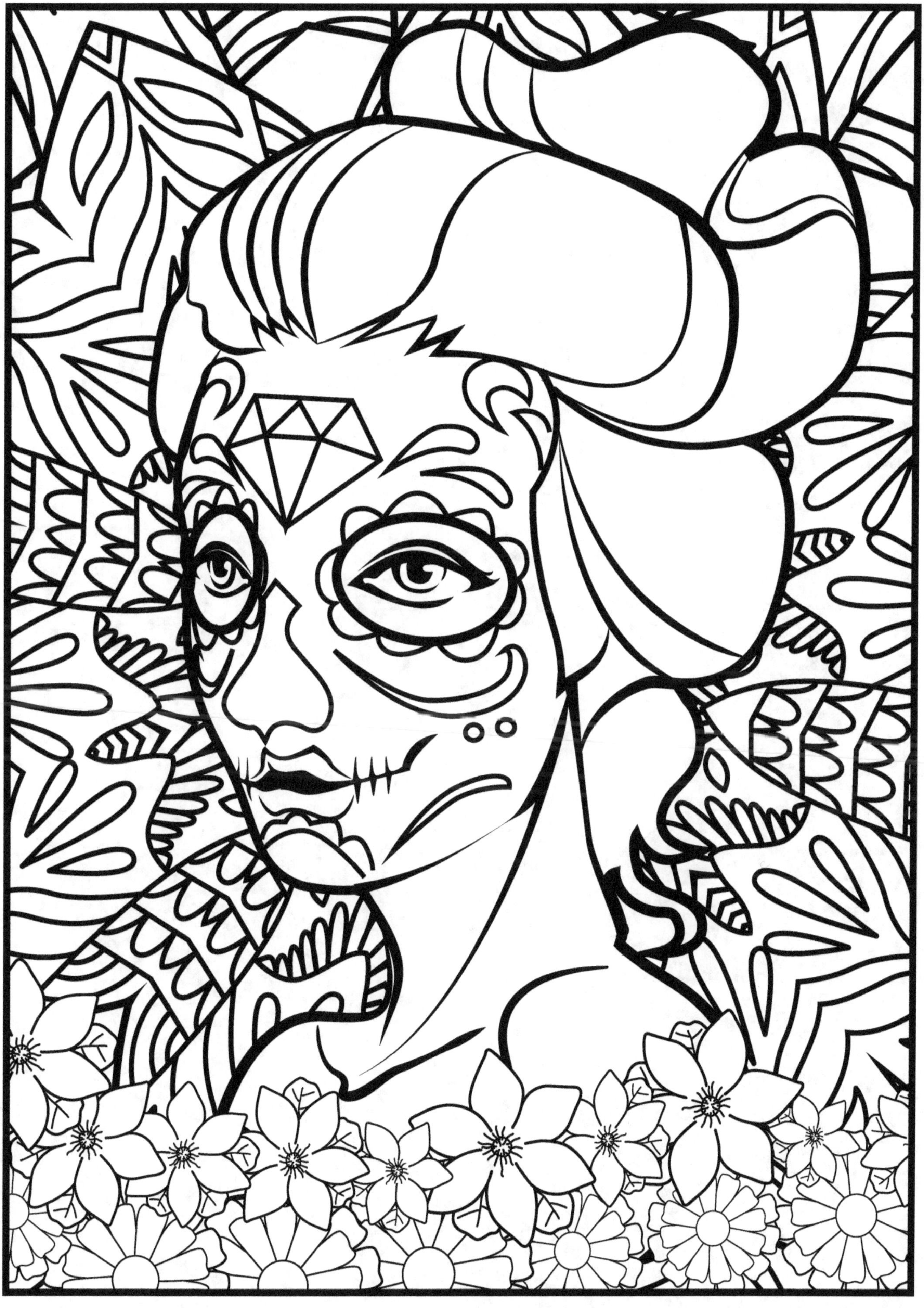

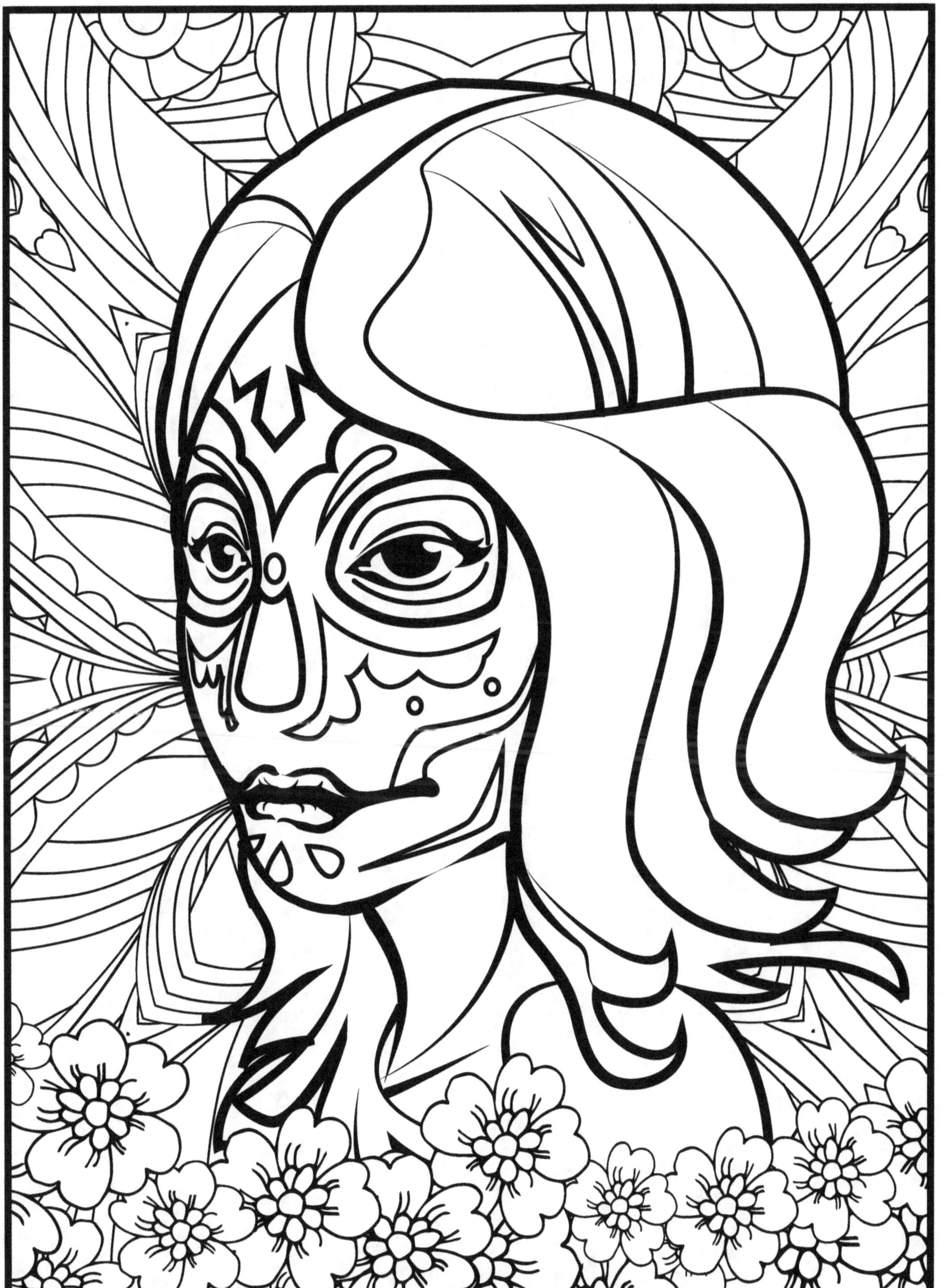

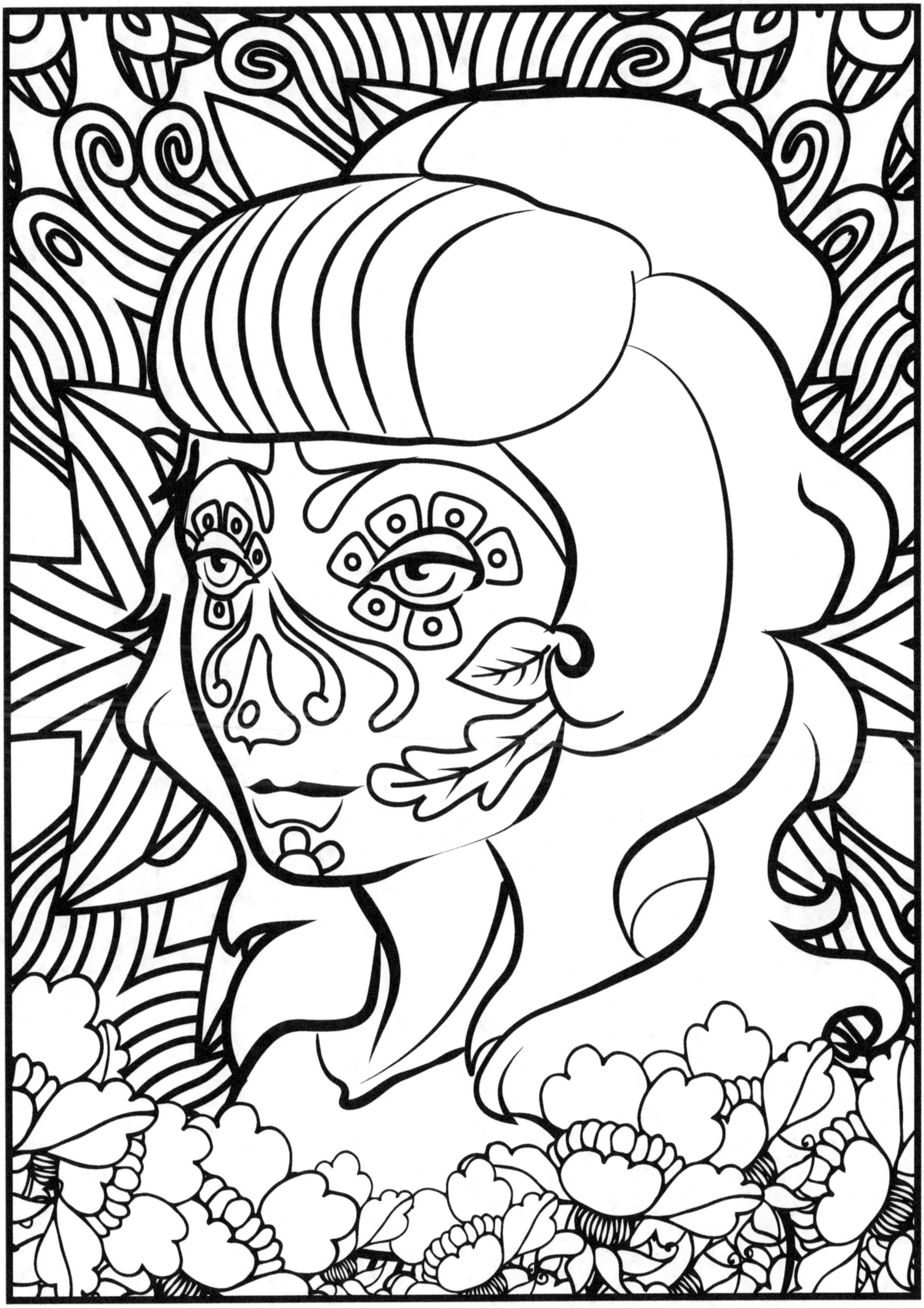

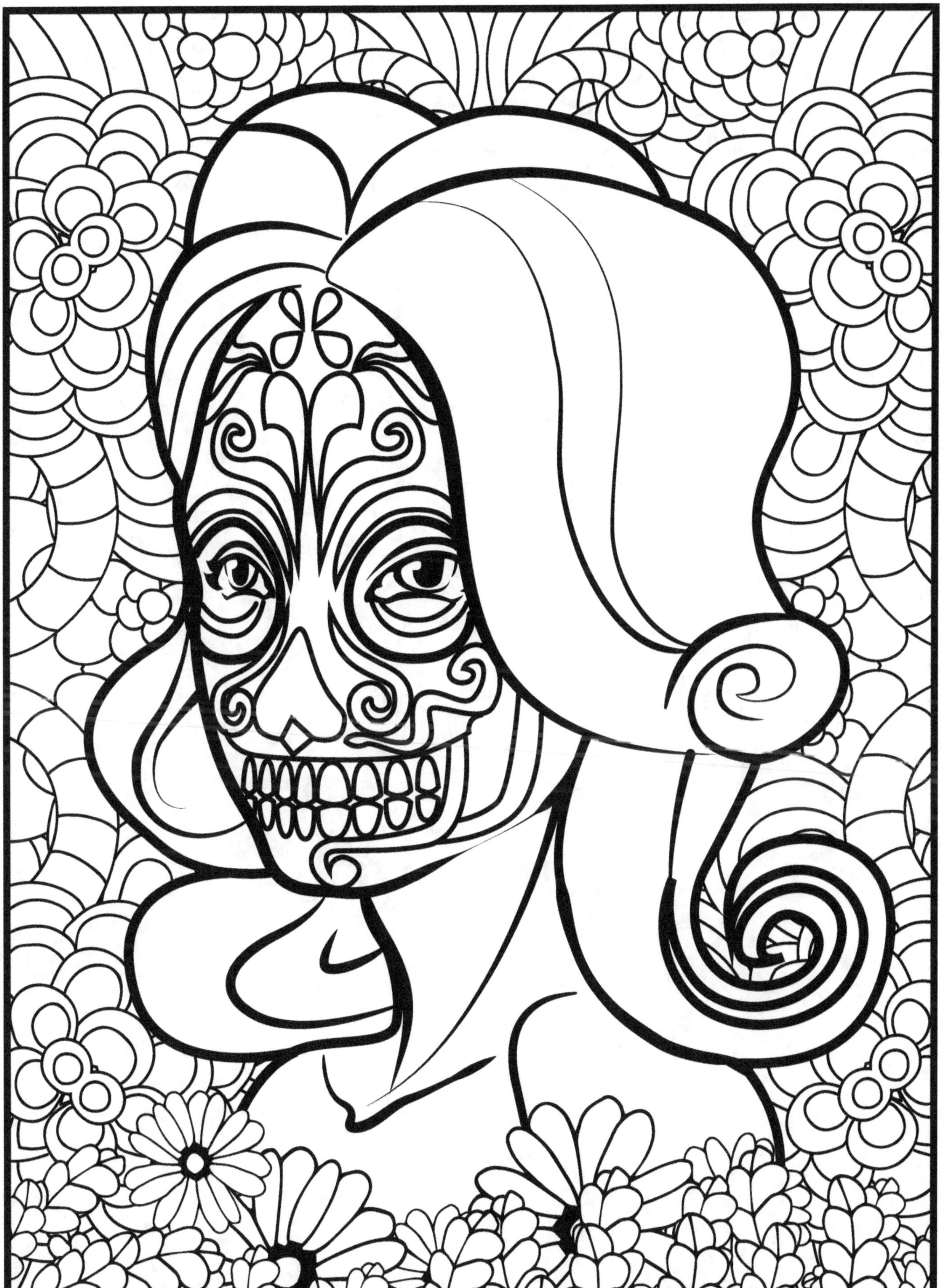

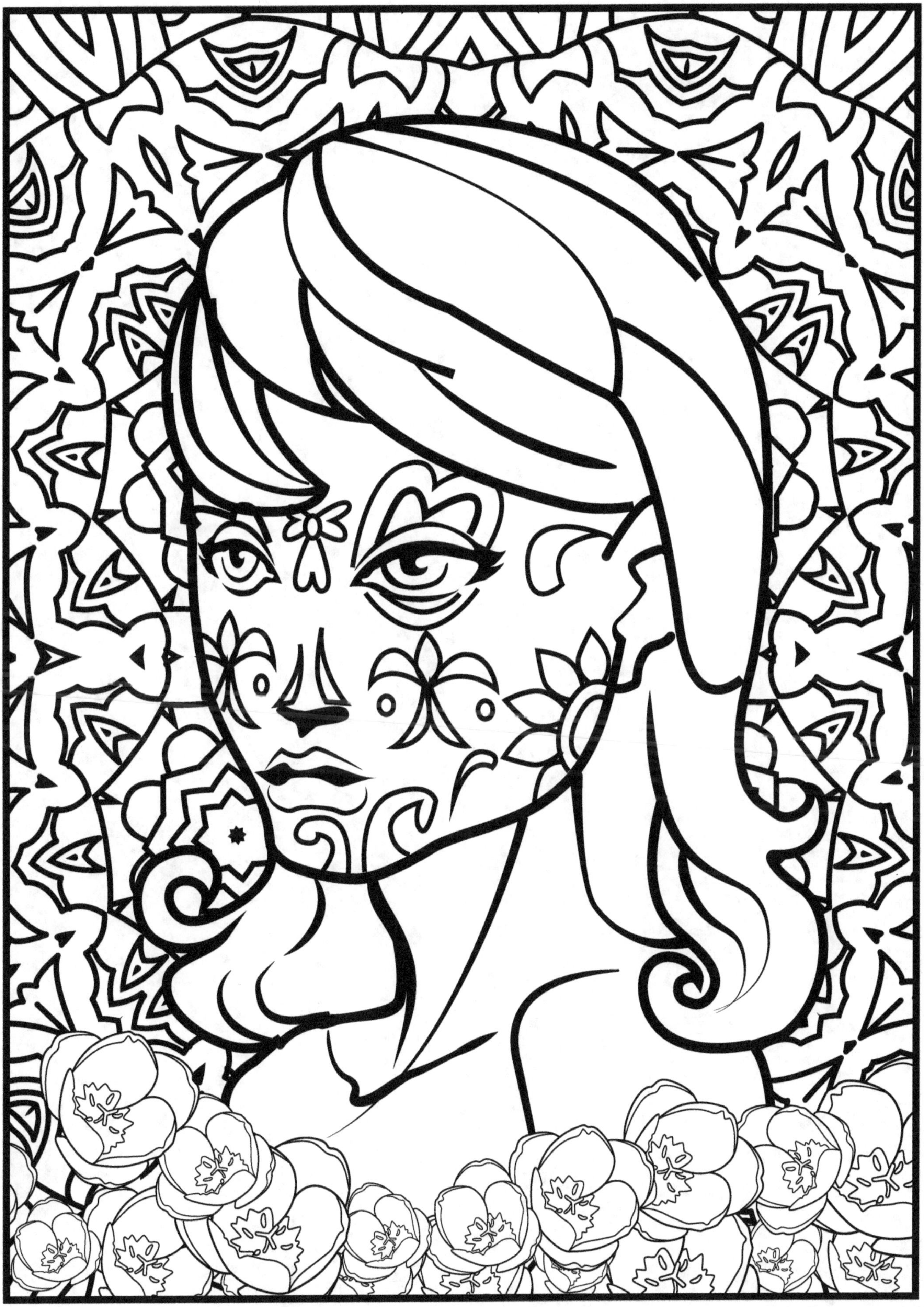

www.ingramcontent.com/pod-product-compliance
Lightning Source LLC
Chambersburg PA
CBHW082032190526
45166CB00018B/3486
* 9 7 8 1 5 1 9 5 8 9 9 6 5 *